創意的20個抽屜

發現問題、解決問題的發想法

內田和成(Kazunari UCHIDA)｜著

周紫苑｜譯

右脳思考を鍛える:「観・感・勘」を実践! 究極のアイデアのつくり方

經營管理 164

創意的 20 個抽屜：

發現問題解決問題的發想法
（原書名：《創意思考的日常練習》）

作　　者 —— 內田和成（Kazunari Uchida）
譯　　者 —— 周紫苑
封面設計 —— 陳文德
內文排版 —— 薛美惠
企畫選書人 —— 文及元
責任編輯 —— 文及元
行銷業務 —— 劉順眾、顏宏紋、李君宜

總　編　輯 —— 林博華
發　行　人 —— 涂玉雲
出　　版 —— 經濟新潮社
104 台北市民生東路二段 141 號 5 樓
電話：(02)2500-7696 傳真：(02)2500-1955
經濟新潮社部落格：http://ecocite.pixnet.net

發　　行 —— 英屬蓋曼群島商家庭傳媒股份有限公司城邦分公司
台北市中山區民生東路二段 141 號 11 樓
客服服務專線：02-25007718；25007719
24 小時傳真專線：02-25001990；25001991
服務時間：週一至週五上午 09:30-12:00；下午 13:30-17:00
畫撥帳號：19863813；戶名：書虫股份有限公司
讀者服務信箱：service@readingclub.com.tw

香港發行所 —— 城邦（香港）出版集團有限公司
香港九龍九龍城土瓜灣道 86 號順聯工業大廈 6 樓 A 室
電話：(852) 25086231 傳真：(852) 25789337
E-mail: hkcite@biznetvigator.com

馬新發行所 —— 城邦（馬新）出版集團 Cite(M) Sdn. Bhd. (458372 U)
41, Jalan Radin Anum, Bandar Baru Sri Petaling,
57000 Kuala Lumpur, Malaysia.
電話：(603) 90563833 傳真：(603) 90576622
E-mail: services@cite.my

印　　刷 —— 漾格科技股份有限公司
初版一刷 —— 2020 年 10 月 6 日
二版一刷 —— 2024 年 1 月 9 日
ISBN：9786267195543、978626195550（EPUB）　

定價：360 元

前言
出書緣起

二〇一八年底，我寫完《右腦思考》（按：繁體中文版由經濟新潮社出版）一書，二〇一九年由東洋經濟新報社出版之後深受好評。有許多人跟我說，書的內容很有趣也很實用，讓人想要實際應用。

另一方面，有些人說，雖然了解右腦思考的理論，但是，為了能想出更多與眾不同的創意，實際上又該如何運用右腦呢？希望我能傳授具體做法。

《右腦思考》書中，有介紹名為「右腦和左腦互相傳接球」的思考過程，說明如下：

首先，在蒐集（input）的階段充分活用「觀察、感覺、直覺」，來想出創意點子和產生靈感，再用左腦和邏輯來驗證創意與靈感，最後再回到用右腦，讓身邊周遭的人「心服口服」進入執行（output）階段。有很多人想知道在蒐集情報的階段時，如何實際活用「觀察、感受、直覺」，以想出與眾不同的創意。

也有一些人想要鍛鍊右腦，但卻不知道實際上該怎麼做，所以希望我能傳授實作方法（know-how）。

其實，早年我已將如何運用右腦想出獨特創意的方法，由角川書店出版的《靈光乍現思考：右腦發想的獨創力》（暫譯，原書名『スパークする思考——右脳発想の独創力』，二〇〇八年。按：本書並無繁體中文版）詳細介紹過，因此在《右腦思考》沒有詳細說明實作方法。

只可惜《靈光乍現思考》已經絕版了，沒有機會讓新讀者一探究竟。

當我在思考這個問題時，東洋經濟新報社編輯黑坂浩一先生聯絡我，表示「希望能由敝社重新出版這本書。」並已獲得舊版原書出版社角川書店授權，讓《創意的二十個抽屜》重新問世。在此表達對於二家出版社的感謝，讓新讀者們有機會讀到這本書。

新版《創意的二十個抽屜》與舊版《靈光乍現思考：右腦發想的獨創力》相較，基本上二書的架構一致，只是將案例更新，以符合時代潮流。

同時，新版出版之際，一橋商學院楠木建教授為舊版所寫的解說，也一併附在書中（按：由於版權關係，繁體中文版沒有收錄這篇文章），藉此深表感謝。

序

只是將生活融入工作，就能豐富想像力

本書的主題是「在日常生活中，自然生成創意的發想和行動，為什麼不能也運用在工作上？」

或許有不少人會說：「生活中的創意發想和行動，根本派不上用場。」其實，日常有很多需要發揮創意的發想和行動的地方；像是個人的興趣嗜好、美食料理、周末的外出旅遊、要看哪一部電影，或妻子生日那天的意外驚喜。日常生活中，一定會有創意和驚喜發生。

本書並不是異想天開的方法論，而是想用大家都熟悉的日常生活為例說明。只不過愈生活化的方式，愈難說明。

書中提到創意的發想法，是指對於嶄新事物的見解、想出新企畫的思考法。本書的目的，就是思考如何激發這些想像力。

許多職場人盡量避免將自己身為生活者的面向帶入工作，大多數人會將日常生活的模樣、身為消費者的自己，與工作完全切割。一進辦公室，就封鎖本身具有的感受和生活經驗的直覺，設法努力學習正確的情報蒐集和分析的邏輯思考。

他們認為，只有邏輯思考和資料分析才重要，只重視那些ＭＢＡ或管理顧問們所偏愛的各種分析手法。努力蒐集和整理許多情報，並且建立資料庫儲存。這些手法或許能夠磨練分析力，卻因此喪失嶄新的發想力。

我建議，最好停止這種吃力不討好、又浪費時間心力的做法。

比方在日常生活中，經常是自然而然先建立假說（hypothesis）之後，再採取行動，重視經驗累積而成的直覺。不大可能從一到十逐一試驗，總是先挑幾個，或大膽選擇其中一個比較可能成功的方法去試。比較不會那麼辛苦，也能更順利找到解答；如此一來，生活也可以比較輕鬆，這就像是**隨意種植一粒種子，之後也能「隨便」長出來**的道理是相同的。

談戀愛也是如此，為了贏得芳心（郎心），會先努力蒐集情報，在行動前做假說再付諸行動。「沒錯！這個人就是我的真命天女（子）」、「這件事應該會讓對方開心」、「這麼一來，這樣的約會行程應該很不錯」，先假設上述的各種狀況後，再來選定要採取什麼樣的具體行動。

從失敗中學習的速度也比較快，例如：覺得不好吃的餐廳，不會再去；遭朋友批評難看的衣服，不會再穿；不開心約會的對象，不會再見；做事不牢靠的人，不再委託。

可是，一旦換成是工作職場時，這樣的大膽假說和執行、從失敗中記取教訓的學習態度，卻因身處在工作職場環境的關係而隱藏起來。

為什麼會這樣呢？

難能可貴的直覺、經驗累積而成預知危機的第六感，或許是受到「無法以邏輯說明的一切，就不能出現在工作中」的觀念所影響。

或是覺得沒有經過理論分析的事物，就不允許出現在工作中。

許多人在工作上很重視邏輯理論，認為不能憑本能或直覺做事。憑著直覺做事，如果失敗了，就無法找藉口。在失敗之前，一想到以「直覺」的理由在會議中闖關，根本就是不可能的事。換句話說，就是人通常會將左腦的理性（邏輯）和右腦的感性（觀察、直覺、感受）

分開，以左腦想公事、以右腦想私事。

然而，**在許多的場合中，直覺是依據過去的經驗實證後，在很自然的情況下所做的選擇取捨，並非完全沒有科學的依據。而且，假說的準確率，其實並不低。**

我覺得，人們在職場上，自行封鎖右腦思考所做的判斷和行動，實在非常可惜。我身為一位管理顧問，非常清楚了解不論是經營者或企業，都在追求差異化，希望具有與眾不同的獨特創意或嶄新發想。要那些只會聽命行事的人想出創意，其實滿難的。依賴數位化的情報或思考，通常會變成彼此的發想雷同，不會有什麼新創意。相反地，重視直覺的「右腦人」，想出嶄新的創意點子的機率就很高。

從失敗中學習、從經驗中大膽建立假說，想像力豐富的人，就會和別人不同，提出獨特的創意。取代那些只會分析的人，是一件很容易的事；然而，擁有創意發想力的人，卻不容易被取代。

為了擁有創意的發想力，究竟應該如何蒐集和整理情報，情報發酵、創意生成的方法論，就是這本書的內容。

在這裡所指的情報蒐集和整理，並不是指藉由電腦之類的數位工具，取得情報之後，將情報彙入資料庫再活用的意思。我想強調的是，日常生活中不經意藉由右腦來蒐集情報，還有為了方便記憶而下的功夫，應該也要活用在職場和工作上才是。

如此一來，才是為了創意的生成所做的前置作業。

比如偶然在電視上的娛樂綜藝節目中，瞄到一則有關公司附近好吃早午餐的餐廳情報。「嗯！找機會去吃吃看。」可是根本沒有放在心上。過了幾天，剛好經過那家店門口，「啊！這不就是上回電視上看到的那家店？」就會再一次的加深印象。過了幾個星期，剛好有三五好友想要聚餐，就會立刻在腦海裡浮現那家店。實際預約前往用餐後，真的很好吃。經過這一次，這家店的情報，就會被牢牢地鎖進腦中的記憶抽屜。

這就是順其自然的情報整理法與活用方式，不然，在情報大海裡，毫無準備就直接跳下去，無疑是自我毀滅的行為。身而為人，自然選擇自己想要的情報和活用直覺，這是人之常情，也是「生活的智慧」。

在職場上有太多的例子，只是為應付整理情報而疲於奔命，但是，最重要的執行無法順利達成，根本就是本末倒置。

唯一需要的，就是對於問題抱持好奇心。如果有問題意識，在腦中應該就會很順其自然

地，針對特定的情節做記號（下標籤）。這本書把「在腦中做記號、下標籤」的行為，稱為索引（index）；有了索引，才能活用情報。

這裡提到的問題意識，究竟是指什麼呢？我先解釋為「感興趣」。書中以諸如此類的問題意識來做基準，跳脫以往「你有我也有」的模式，打破過去慣用的思考模式，以「圓形外畫點」的方式生成創意和產生發想，這本書，可以說是我的情報活用術。

目次

創意的二十個抽屜

第三章　把情報放著發酵熟成　91

第四章　類比思考有助於創意的生成　127

第五章 提昇創造力的右腦想像 177

結語　從生活者的角度觀察和感受，讓人更有創意　211

圖表索引　221

第一章

問題意識孕育出靈光乍現

何謂靈光乍現？

靈光乍現就像是**煙火綻放夜空一樣，靈機一動，突然想出好點子**。

不論是發明家、藝術家，還是企畫或一般工作者，都希望能有創意的生成，有好點子、好發想和好企畫。

所有的企業為了永續經營、穩定成長，經常在追求創新同時，也希望能夠推出有別於競爭對手的新產品、新服務，或是具有差異化的新事業、新商業模式。

具備這種能力的人才，企業經常給予很高的評價。即使離開企業轉職或創業，成功的機率也都很高。

究竟該怎麼做，才能孕育發想力和創意力呢？**創意，是情報和知識產生化學反應的結果**。我認為，將容易發生化學反應的事物彙集起來，儲存在腦中慢慢發酵熟成，是一件很重要的事。

以棒球為例，一名球員的打擊率超過三成，就是傑出的打者。同理，職場人不見得每次想到的創意或企畫都一定很棒。因此，我建議大家經常天馬行空自由想像，養成經常想點子、出主意的習慣。

以下介紹幾個案例，說明創意如何生成。

「異業競爭策略」來自於電視節目

在我研究的主題之中，有一個是「異業競爭策略」。簡單來說，就是跨界格鬥技。「異業競爭策略」的定義是在某業界出現某企業無視於業界常規，勇於挑戰新事物的一種現象。比如：

- 電子支付：以現金購買日常生活用品，是一般常識。不過，陸續出現許多行動支付服務，像是LINE的「LINE Pay」、Mercari的「Merpay」、全家便利商店的「Family Pay」、手機廠商的「PayPay」、「d付款」，或是銀行的「Bank Pay」搶占市場。
- 電動車：原本需要汽油引擎燃料才能發動的汽車，也出現以電池發動的電動車（Electric Vehicles，EV），生產電動車的特斯拉（Tesla）和電池製造商的比亞迪（BYD）加入汽車市場，爭奪市場寶座。
- 食品通路：以往在超市與便利商店可以購買食品，不過，大波斯菊連鎖藥妝店、山田連鎖電器店、唐吉軻德雜貨連鎖等等，也都陸續販售食品，加入食品通路的競爭行列。

我將這種競爭模式定義如下：

不同事業構造的企業
以不同的規則
爭奪相同的市場與顧客

接下來，以ＣＤ、音樂下載為例，說明有關「跨界格鬭技」。

以往的音樂產業，指的是製作和銷售唱片或ＣＤ的唱片公司為主，還有製造和銷售播放唱片或ＣＤ機器的公司。簡單來說，就是音樂業界的軟體業與硬體業。一般來說，彼此之間是合作關係，並無競爭。前者最有代表的就是索尼音樂娛樂（Sony Music Entertainment）和愛貝克思（AVEX），後者比較有名的就是索尼（Sony）和Panasonic（舊稱松下電器）。

音樂的「軟體業」，主要仰賴音樂創作者作詞作曲的暢銷歌曲維持生存，由於「人」是關鍵，屬於服務業。音樂的「硬體業」不靠人，只要機器維持生產即可，屬於製造業，兩者以不同的規則方式在業界生存。

之後由於音樂可以藉由網路傳送，改變以往橋歸橋、路歸路的音樂商業模式。大量上傳音樂到網路，許多樂迷可以透過下載音樂的模式成為常態，唱片公司原有的銷售通路和唱片行的存在價值驟降。可用低價下載音樂加上盜版盛行，唱片或CD的銷售業績更是雪上加霜。

對於音樂硬體製造商而言，面對這樣的音樂商業型態的改變態度，卻分為二極化。有的擔憂因為唱片或CD的銷售量降低，會讓音樂播放機器也跟著銷路不佳，所以消極看待。另一方面，卻有像蘋果（Apple）把握千載難逢的好機會，積極開發行動音樂播放機 iPod，以及可下載音樂的 iTunes（之後影音、遊戲、App 也都能從 iTunes 下載）。

由於 iPod 和 iTunes 的成功，從此之後，樂曲價格決定權，由唱片公司轉為蘋果這家公司。

然而，iPod 和 iTunes 在音樂業界的優勢，並沒有持續很久。威脅 iPod 的是 iPhone 等智慧型手機的誕生，與 iPod 一樣，具備音樂存檔和播放功能。隨著智慧型手機的普及，讓 iPod 這種單純播放音樂的機器逐漸消失。曾有 iPod、iPod mini、iPod shuffle、iPod nano 等多樣機種，現在（二〇一九年九月）只剩 iPod touch。

此外，iTunes 的商業模式，是以單曲或一張專輯付費，其後出現「Spotify」和「亞馬遜音樂」（amazon music）等串流（streaming）服務，只要按月付費，就能無限制下載音樂，與 iTunes 爭奪音樂市場大餅。這種按月付費下載音樂吃（聽）到飽的新商業模式，與 iTunes 相較之下，既方便又便宜。

雖說這種新型態的串流音樂商業模式，目前還不是主流，但是，網路下載音樂已成趨勢。平時聆聽樂曲就用這種付費方式或免費觀看 YouTube，會比較便宜。如果有比較喜愛的歌手或音樂家，再花錢買票去看演唱會或音樂會；現在，這種商業模式已經成為樂迷消費音樂的主流。

結果，在日本發展出少女偶像團體 AKB48，以專屬的劇場做為活動據點現場演唱。由於這些偶像團體和姐妹團體，或傑尼斯事務所的偶像團體擁有超人氣，所以只要這些團體前往日本各地演唱時，所到之處附近的飯店一定客滿，集客力超強。以消費金額來看音樂消費市場，購買門票看演唱會或音樂會的市場，遠比購買唱片或ＣＤ的市場來得大。

就連一開始想出iTunes的蘋果，也用蘋果音樂（Apple Music）串流服務取代iTunes，以後蘋果製造的電腦Ｍａｃ，也未必會搭載iTunes。

在音樂產業中，不論是唱片公司，或是電腦和手機製造商蘋果、電商亞馬遜（Amazon），還是提供串流服務的Spotify，全都跨越原本的業種，爭取共同的終端消費者（end user）。

像這樣以案例詳述「異業競爭策略」的觀念，或許可以寫成一本書。不過，這本書想表達的重點並不在此。

我想說的是，究竟如何想出「異業競爭策略」這個名詞？

答案其實很簡單，容我詳述：一九九三至二〇〇〇年代前半，流行名為「K-1」的「跨界格鬥戰」電視節目，我就是看了K-1之後靈光乍現。簡單說，「異業競爭策略」可以說是「跨界格鬥技」的商業版本。

K-1原本是以踢拳（Kickboxing）為主的格鬥技團體，商業模式是舉辦大型活動，保有順應活動改變規則的彈性，集結許多格鬥家參加。說是踢拳，其實拳擊手、泰拳手、柔道家、柔術家、摔角選手、相撲選手，無論現役選手或退休選手，都可以參加。當然每個人拿手的絕技都不同，像是拳擊手深諳打擊技、泰拳手善於足技、柔道家或柔術家擅長過肩摔或關節技。各自避開不擅長的、會遭攻擊的技法，利用自己擅長的格鬥絕技擊敗對方。

目前在美國，像這種的「跨界格鬥技」隸屬競技團體終極格鬥冠軍賽（Ultimate Fighting Championship，UFC），稱為「綜合格鬥技」，規則與格鬥的方式都變得更成熟。不過，K-1開始時，是一邊摸索規則、一邊在專家或參賽選手無法掌握雙方絕技的情況下進行。

這讓我想到，企業競爭也是同樣的情形。身為企業的管理顧問，習慣將自己擅長的領域和經驗，結合眼前所見的現象。

像是相機業界除了光學製造業界的佳能（Canon）和尼康（Nikon），還有來自異業的索尼和Panasonic這二家屬於電機業界的製造商，也加入競爭行列。此外，智慧型手機通常搭載高畫質的相機，這些廠商也不能忽略，競爭對手日漸增加。前述關於在音樂業界中蘋果的動向也是如此，日常保持問題意識，面對新競爭策略或新規則這類感興趣的領域，如此一來，潛在意識就受到電視上轉播的K-1比賽刺激。也就是說：

所謂的靈光乍現，是你對於某件事情有興趣、產生問題意識時，
當你遇到某種現象，那個現象成為觸媒，
讓原本存於腦中的情報和那個現象，產生化學反應的結果。

靈光乍現就是這樣。

問題意識孕育出連鎖反應的想像力

特別是工作上，常常因為先有問題意識，然後觀察現象，或是在調查結果的過程中，讓人靈光乍現。

比如調查二〇〇六年的任天堂（Nintendo）Wii遊戲機，為什麼暢銷大賣的原因。

如果是我，會利用大學的資料庫搜尋新聞報導或雜誌，會比較簡單。不過，倘若是一般人，可以上網打上「Wii」加上「成功」等等的關鍵字，就可以輕易查到相關的文章和情報。只要稍微搜尋，就會發現其實PlayStation3（PS3）的遊戲機比Wii的技術更好。也就是說，Wii的遊戲其實是很簡單的技術。

覺得這個現象「滿有趣的」，因為一般來說，應該是相反才對。目前為止，遊戲機給人的感覺，都停留在成功使用最新技術。然而，Wii這種僅是使用簡單技術的遊戲機卻熱銷。

其中的原因又是為什麼呢？經過仔細調查後發現，Wii這款電玩遊戲機，並不是以遊戲玩家（heavy user）為主，而是針對那些從未玩過電玩遊戲機、對電玩遊戲機毫無興趣的新顧客群所開發的電玩遊戲機。鎖定主婦群或中高年齡層的顧客，他們是一群曾經叱責自己的孩子「不要整天打電玩」的人；但是如今他們都深陷其中，玩得不亦樂乎，這也是一個相當有趣的現象。

這裡說明的關鍵，並不在於遊戲機的技術，而在於遊戲帶來的效果，加上擴大市場的行銷，Wii為任天堂贏得勝利。

「那麼，任天堂又是為什麼做出這樣的電玩遊戲機呢？」有這樣的疑問，就表示產生了問題意識。

仔細一想，就會發現箇中緣由。在二〇〇五年，也就是Wii問世的前一年，日本國內的電玩遊戲玩家人數，有逐漸縮小的趨勢。市場上不論是遊戲硬體或軟體，都出現衰退的狀態。在電玩萎縮的市場中，比起索尼的PS3，任天堂可說是望塵莫及。當然也許有人會認為，比起是以電機製造商起家的索尼，任天堂這種以紙牌、撲克牌起家的公司，本來就比不上索尼的技術，也不必走上追求最新技術的路線。

那麼，任天堂究竟要怎麼做才能贏索尼？我的推測是，不要從技術革新面下手，改以終端消費者的需求面為先，最後，拓展新顧客和開發新用途的策略奏效。

比方遙控器可以當成網球拍或高爾夫桿使用，也可以像當釣魚竿或跳繩來用。這些都不會用到最新技術，只需要組合目前既有的技術，就可以創造出「煥然一新」的新玩法。如此一來，遊戲初學者就能立即上手、玩得不亦樂乎，加上使用電視機當成遊戲的螢幕，可以讓家人一起玩，創造新的遊戲型態。

相較之下，PS3的消費者原本就都是熱愛電玩遊戲的玩家居多，比較專一，不會移情別戀。是說，如果估計初學者和玩家哪一邊的消費者人數多呢？當然一定是遊戲初學者的人數會很多，因此Wii的玩家才會忽然間迎頭趕上。

無法突破創新的兩難之可怖

我記得在克雷頓．克里斯汀（Clayton M. Christensen）的《創新的兩難》（*The Innovator's Dilemma*；按：繁體中文版由商周出版）書中，也曾經提到。這也算是一種靈光乍現，再結合自己的興趣所引起的化學反應。

簡單來說，創新的兩難就是某種事業發展的技術，持續發展進化到一定程度之後，已經超越消費者的最高需求；從消費者的角度來看，其實是不必要的。另一方面，如果改用其他新技術，因為是尚未成熟的新技術，又可能變成達不到消費者的最低需求。雖然也可以逐步進化，先滿足初階使用者的消費者需求，再進一步達到高階消費者的需求。如此一來，之前那些既有的超高技術，就變得一無是處。PS3就好比是既有的超高技術，而Wii則意味著尚未成熟的新技術。

以索尼的角度來看，任天堂只是重新組合既有的技術，索尼在技術上並沒有輸給任天堂。當然，任天堂應該也覺察到無法在技術面超越索尼，所以才會利用原有的技術配合新軟體。某種程度看起來，這樣的策略是成功的。

對消費者來說，任天堂的技術就已經很足夠了，反而是索尼的技術，會讓人覺得功能太強。也就是說，不知不覺中，索尼的 PS3 遊戲機的技術，已經超越高階消費者的需求。另一方面，任天堂 Wii 遊戲機的技術，也滿足初階消費者（大人、女性）的需求，而且消費成本逐漸降低，索尼難以較勁；這也說明了無法突破「創新兩難」的可怕。

如果是這樣，還有其他發生同樣情形的案例，可以展開發想。像是從任天堂二〇〇四年銷售的掌上型遊戲機「任天堂 DS」（Nintendo DS）來想，應該也是相同的概念吧。

任天堂 DS 有輕巧的液晶螢幕，不用連接電視，不管到哪裡，都可以隨身攜帶。因此成功拓展到一般女性、中高年齡層客群，造成熱銷。不用以往極為重視的高畫質影像處理技術，反而是利用新娛樂與自我成長和磨練的創意企畫，進而將任天堂 DS 推向成功。Wii 其實就是運用這個概念，將任天堂 DS 轉換成居家型的遊戲機的概念罷了。

成功的反撲

回顧過去，還記得索尼於一九七九年推出的隨身聽（Walkman）嗎？當時推出之時，可說是顛覆傳統娛樂型態的劃時代產品。隨身聽就是將當時的錄音帶播放機，改成可用耳機在戶外邊走邊聽的攜帶式小型機身。仔細想來，邊走邊聽音樂的習慣，就是從那時候開始的。

然而，二〇〇〇年代起，由於可以從網路下載音樂保存於 3C 產品，所以蘋果的 iPod 就取代了隨身聽。其實在 iPod 登場時，索尼也正在企畫相同的產品，只是當時怕打到自家原本的隨身聽產品而作罷。風靡一時的隨身聽也敗在固守過去的成功之下，這正是所謂**成功的反撲**。

成功的反撲是我任職於波士頓顧問公司（Boston Consulting Group，BCG）期間，常用的一個詞。意思是過去成功的商業模式，如今變成絆腳石，導致業績裹足不前，並且造成惡化衰退。

如同前述，隨著時代轉變，iPod 取代隨身聽，但是之後又被智慧型手機取代。任天堂 DS 和 Wii，上市時成功拓展女性和中高年齡層客群，讓遊戲機產業邁向另一個新階段。但是，新的試煉才正要開始。

因為智慧型手機問世。

在爭奪電玩遊戲機的核心玩家人數上，任天堂雖然輸了索尼，但也成功拓展新玩家和初階使用者的客群人數。只不過有一點，就是這些初階使用者與核心玩家不同，初階使用者比較不會追求或在乎遊戲機的種類、畫質的解析度是否夠高。

這樣一來，當智慧型手機普及、可以免費下載玩遊戲時，初階使用者就立即全部轉移到智慧型手機。智慧型手機的螢幕畫面大小和畫質的解析度，都比遊戲機來得差，但是初階使用者並不在乎，更何況費用完全不同。除了買遊戲機，還要買附屬裝置和記憶卡，而智慧型手機上的遊戲，多數都可以免費下載。就算有些需要付費的，但相較於遊戲機的軟體來得便宜。對這些初階使用者而言，並不是很在乎畫質或圖案是否美不美，只要玩手機上的遊戲就夠開心了。這樣的趨勢，對於任天堂的 Wii 和 DS，造成相當大的打擊。Wii 全球七年間銷售量約一億一百六十三萬台，然而之後的機種 Wii U，全球五年間卻僅銷售約一千三百五十萬台而已、約Wii的八分之一」，這也是「成功的反撲」的例子之一。

任天堂創造遊戲機的新世界，可惜固守「遊戲專用機」與「遊戲軟體的傳統銷售模式」，沒能及時轉型為新遊戲的消費型態，一直到任天堂Switch（Nintendo Switch）上市之後才追上來。二〇一七年三月發售的Switch，到二〇一九年一月所累積的全球銷售台數約三千萬台，超過WiiU的銷售台數。要說Switch的特徵跟Wii一樣，「煥然一新」其實只是利用原有的技術再組合。不但可以居家使用，還可以攜帶外出，以及上網的服務（按月付費金額是小學生零用錢能負擔的額度，可儲存檔案、線上對打、還有提供家庭世代喜歡的復古遊戲），與智慧型手機相當接近。只是最終能否超越Wii那樣大賣，或奪回被智慧型手機瓜分掉的初階使用者市場，的確有相當大的難度。

像這種「成功的反撲」還有其他許多的例子。

比如BOOKOFF（按：日本連鎖二手書店）成功利用讀者閱讀完畢的新書，以「新二手書」的商業模式開闢新市場。

但最近幾年也是業績低迷不振。二〇一六年，面臨公司上市以來頭一次虧損，到二〇一八年三月期（按：日本會計年度為四月一日至隔年三月三十一日）連續三年虧損。雖說是新二手書的商業模式業績不振，歸根究柢，倘若沒有新書，又怎麼會有新二手書可賣呢？

網路普及讓紙本書變得不好賣，隨著電子書籍的流行、線上免費閱讀的古典名著、漫畫盜版網站猖獗，甚至連亞馬遜都也賣起中古書，新書和新中古書並陳。就算BOOKOFF再怎麼努力也拚不過，畢竟沒新書出版，哪來新中古書可賣。到了二〇一九年三月期，BOOKOFF終於轉虧為盈。原因就在於增加玩具、漫畫公仔等等的新商品，以「脫．二手書」的商業模式，拓展新商機。

商業模式的興衰，變化很激烈。現在成功的企業，在不久的將來會變成如何？誰也無法預測。

豐田汽車（Toyota）雖然領先全球、成功開發「Prius」油電混合車。但是，最近美國加州政府與中國政府都致力於電動車（ＥＶ）上，卻讓混合動力車變得有點邊緣化。豐田汽車也致力於次世代車款燃料電池自動車（Fuel Cell Vehicle，ＦＣＶ），只是ＥＶ已然開始超越ＦＣＶ，讓人覺得原本在業界居於領先地位的豐田汽車，已經開始落後。

如此這般，**連鎖的發想，並沒有盡頭。「為什麼那個商品如此暢銷？盛況持續到何時？」的疑問，只是微調問題意識，就能一直產生發想的連鎖，這就是個例子。**

以這樣的方式展開，因人而異或多或少可能在工作上的企畫案派上用場。比如：對於同業的商品或服務，不要僅限於現有的認知，就像跨界格鬥技比賽，各類形式都會有；這樣的見解，在很多領域可以用得到。

話說回來，當任天堂遭智慧型手機逼到窮途末路時，索尼的情形又是如何？

其實，索尼受影響的程度，並沒有像任天堂那般嚴重。當任天堂還在煩惱，在Wii之後於二〇一二年開賣的Wii U銷售業績該如何提振時，索尼於隔年二〇一三年開賣的「PS4」，卻是一系列PS遊戲機中最暢銷的，直到二〇一九年仍在持續銷售。

為什麼會有這樣兩極化的情形？主要是因為二家公司的遊戲玩家完全不同類型。任天堂的主要顧客群是屬於初階使用者，已從遊戲機轉到智慧型手機上了。

索尼的核心顧客是高階玩家，一般智慧型手機的畫質解析度根本無法滿足他們；所以依舊繼續用索尼的遊戲機，享受超高解析度的遊戲快感。很多人看到智慧型手機的流行，都會認為「遊戲專用機應該會被市場淘汰」，實則不然，因為那些無法滿足於智慧型手機的高階玩家依舊存在。

其實，索尼有注意到這一點。目前除了軟體賣到缺貨之外，還有網路對打的會員，是按月付費的訂閱制，所以業績與顧客都相對穩定。

顧客導向的汽車竊盜集團

有時在翻閱報章雜誌，也會靈光乍現；記得很久以前，有一天在《朝日新聞》讀到一則有趣的新聞。報導關於在日本關東地區的某個地方，警方逮捕汽車竊盜集團的事情。

倘若只是一則普通的汽車竊盜集團遭捕的新聞，並不是什麼大新聞。但是，因為他們的犯罪手法非常獨特，讓我有深刻的印象，同時也有靈光乍現的感覺。這個汽車竊盜集團的犯案手法是，一開始並不立即偷車。

那他們都做些什麼呢？會先從停車場裡，將比較受歡迎的車款列出清單來。然後，再拿著清單去拜訪潛在顧客，去詢問「最想要這清單中的哪種車款？」確定有人喜愛的車款之後，再著手偷車；這些當然都屬於違法行為（千萬不要模仿）。

與以往的汽車竊盜集團最大的不同，在於他們不是先偷再賣，而是先找買主再偷。因此，也不會發生像以往顧客買到的車，可能顏色或者車款不是喜歡的那款時，也只能忍耐。這種做法，就可以買到原本喜愛的車款。我讀到這篇報導時，覺得很有顧客導向的概念。

自此以後，我常拿這則新聞舉例說：「就連汽車竊盜集團都那麼重視顧客導向，貴公司更應該要重視顧客導向才對。」

為什麼汽車竊盜集團要這麼麻煩呢？如果是先偷再賣，因為急著脫手，比較容易走漏風聲，遭到逮捕的風險較高。

但是，新做法是買主可能不只一位，加上並未偷車，不會走漏風聲，降低遭捕的風險。事實上，這就是商業模式的改革。不過，畢竟這是違法的行為，最終仍逃不過遭捕的命運。

為什麼這個新聞可以用來說明顧客導向呢？因為當時我常常留意有關顧客導向的話題，並且蒐集相關的企業案例。也就是說，腦中總是會有問題意識；因此當我湊巧看到這篇報導，直覺「這個例子可以拿來用」，當下突然靈光乍現。

同樣的顧客導向的例子，還有如下所述。有一次去拜訪某家公司，會議正在進行討論中，突然有人進來叫人，被點名的人說：「對不起，失陪一下，社長找我，立刻回來。」而中途離席。這不就證明，該公司的領導者已經放棄顧客導向嗎？不過，有這樣舉動的公司，多半高調地說：「敝公司最注重顧客導向。」我真想說：「才怪。」

有了上述二則案例當成談資，之後討論顧客導向的話題，就會比較輕鬆，也更加容易引導對方的問題意識。

從小量化包裝到分享經濟

另外，來舉一個從發想到商業模式的案例。青山學院大學黑岩健一郎教授是我的朋友，他曾在《組織革新的時代》（暫譯，『仕組み革新の時代』；嶋口充輝編、黑岩健一郎等著，有斐閣出版，二〇〇四年）一書中，舉出二十四小時的停車場例子。

我碰巧在他執筆過程中提到這個案例，直覺很有趣。這樣的概念不僅能用在停車場的生意，也可以廣泛使用。

一般臨時停車場和月租停車場不大相同：臨時停車場的概念是將停車格區分時段，租人停車以增加收入，也就是將時間切割為「小量化」的生意。在土地比較大的停車場，不管現場有沒有管理員都可以停車。倘若只能容納二、三輛車的停車場，由於土地比較小，只能用月租的方式。這麼小的土地也能弄成臨時停車場，真的是超創新的商業模式；以上就是黑岩教授想到的。

我靈光乍現想到的是，像這樣的分割式的商業模式，或許就可以應用到許多商業型態。

當然要出現這樣的靈光乍現，必要條件就是我必須要有問題意識才行。因為我平時對於各種商業模式有興趣，甚至能自豪說是商業模式學會的發起人之一。也因此我對任何新商業模式的話題，都非常感興趣。

「等一下，這件事好像之前也有聽說過……」把腦中的抽屜（假想的虛擬資料庫，用來儲存記憶，容我後述）打開找一下，發現一堆相關訊息都跑出來了。比如租CD或DVD的商業模式，原本買一片都要幾千日圓以上，但若只租（當日還或租二日）才需要幾百日圓。租車也是平常動輒上百萬日圓的車子，租一天才只需要幾千或幾萬日圓。還有辦公室用的影印機或印表機等等各種出租的物品，基本上都是同樣的商業模式。或者分時度假村也是一樣，一棟別墅或渡假村的大廈公寓同時有許多人一起共有，一個人單獨購買需花費數千萬，只需花幾百萬就能有每年固定一星期的使用權。

其實還不只如此，還可在腦海裡自由發揮無限想像。比如公寓大廈，其實也實現了小量化，不是嗎？一個人可能無法建造那麼大的一棟房子，但可以把它建造成很大一棟的樓房，再以小量化分別銷售就行了。

總而言之，小量化就是將「時間與空間分割銷售的商業模式」。在這裡，可能讓人有點疑問。

「CD出租沒辦法分割時間與空間吧！CD在實體上無法切割銷售，勉強僅能說使用時間的銷售，但概念邏輯上還是不大了解。」

換個角度可以這樣想，銷售模式把原本買CD的所有權，轉換為租CD的使用權。租車也是一樣的道理；正確來說，並不是小量化商品，而是轉變所有權型態的商業模式。

這麼一來，就會展開發想，聯想到更多案例。

「照這種想法，不動產的證券化商業模式不也一樣嗎？其實證券化商業模式其他還有許多種。或是一台汽車讓多位會員共同使用的租車模式也一樣（利用方式類似會員制租車）。」

以這樣的小量化概念的形式，目前最受矚目的就是像這樣的共享服務、共享經濟的發展。不過，前述的那本書，是在二〇〇四年出版。

像「分租房屋」一樣，分租套房、公寓很普遍。上我課的學生，也是在距離澀谷車站走路約十分鐘左右的地方，租了一間三房二廳一廚的公寓，房租一個月二十五萬日圓，由三位學生分租，每個人有自己的房間，共用客廳、飯廳和廚房。

若是以一個學生的能力，根本無法負擔一個月二十五萬日圓的房租，但是，如果三個人分攤，一個人只要負擔大約八萬日圓就能租。甚至現在還有將自己的房子中的一間房，或別墅、空屋出租的民宿等的分租服務。連出租衣櫃的服務也有（出租衣服，若喜歡也可購買）。

像這類小量化的關鍵字被廣泛用在許多地方，如果能夠善用，便可以建構這些共享服務、共享經濟的商業模式。

如果能夠廣泛使用，表示可以多加應用。換句話說，或許可以將這些都納入自己工作上的企畫，微調一下，也說不一定可以成為新的商業模式。

《競爭大未來》（*Competing for the Future*，蓋瑞・哈默爾〔Gary Hamel〕與普拉哈〔C.K. Prahalad〕合著）的作者之一普拉哈，曾在另一本《金字塔底層大商機》（暫譯，*The Fortune at the Bottom of the Pyramid: Eradicating Poverty Through Profits*）書中提到，這是將「『貧者』轉變為『顧客』的未來商業策略」。其中有介紹一個小量化的商業模式，就是將牙膏或湯料以一次少量分裝銷售。後來日本的味之素（Ajinomoto）在東南亞，用這樣的方式把商品以小量化包裝銷售。

這也是利用腦中假想的檔案資料庫裡，抓出來的想像連鎖反應。

引發靈光乍現最重要的觸媒，就是問題意識，以及自己腦中既存的檔案資料庫，還有對周遭環境的情報與媒體情報如何判斷對應。

《假說思考》也誕生自靈光乍現

我所寫的書籍中，最暢銷的就是《假說思考》（按：繁體中文版由經濟新潮社出版），其實也是因為靈光乍現，才寫這本書。當初原本是以管理顧問實作方法為題解說基本技巧。但是仔細搜尋一下，發現類似的書籍多不勝數；再多寫一本那樣的書，好像也沒有多大的意義。

正猶豫要朝哪方向下筆時，翻閱原本寫好的大綱，注意到有關驗證假說過程中的重要部分，不僅對工作效率有關鍵的影響，當時在公司內部也時常會運用。反觀一般外面的公司企業或其他地方，幾乎沒見過有用到這套方法。

當時在波士頓顧問公司，每天對話中時常聽到：「你的假說是什麼？」「這個假說要如何證明呢？」「有想過其他的假說嗎？」這是因為在新人剛進ＢＣＧ之後，就開始一連串以關鍵字為主的教育訓練，這些關鍵字包括：假說、邏輯、「所以呢？」（So what?）等。就算一開始對這些詞很陌生的顧問新人，也在不到半年的時間運用自如；彷彿很久之前，就開始使用這些關鍵字一樣熟練。

那時我就突然想到，一般人工作上，很少用到「假說」的字眼，如果集結相關內容寫成一本書，應該會滿有趣的。畢竟要寫書，就寫別人沒寫過的。編輯也說，出版社沒出過這樣書名的書，事後證明押對寶了。

第二章開始介紹「如何做才能靈光乍現」，或者說，「為了有系統地靈光乍現，該怎麼做才好？」

第二章

以類比發想蒐集情報

不要整理情報，也不要記住情報

在第一章為了方便說明，使用「檔案資料庫」（database）的字眼。這是「假想的檔案資料庫」，並不是指儲存於電腦等等這種電子機器中的檔案資料庫，也和紙本或筆記的檔案資料庫不一樣。我並不是要說出努力蒐集、分類、整理情報，才能「有備無患」之類的話。我想說的是，應該要用更輕鬆、更有效果的方式接觸情報，再將情報轉為檔案資料庫的形式。

換句話說，在日常生活中，每個人都很習慣自然而然蒐集情報活用術。某種意義上來說，這是隨意的行為。

我還是社會新鮮人時也是如此，經常忙於蒐集情報，之後再利用一堆整理、分類情報的方法，處理龐大的情報資料以利日後活用，還真的是一場硬仗。

不僅用B6大小的京大卡片整理法（注：已故的京都大學梅棹忠夫教授提倡的卡式情報分類法）、還有用六乘以四公分的小卡片法、或是A4活頁式系統手帳法等等，只要有聽說什麼整理法，就立即活用。

也曾有一段時期，使用掃描機留存紙本情報，努力在電腦上建立檔案資料庫，依照不同的主題歸類整理，花了很多時間建檔。

結果進行不順利也無法持續，而且成效也不好。

其中最大的問題點在於，只是努力把資料記錄在資料卡上，或掃描儲存、打字為文字檔，**大部分時間都花在資料輸入的作業上，不過，歸類後的情報都有拿來活用嗎？印象中，好像沒怎麼用到就是了**。可以說，花費十分力氣在蒐集資料，真正用得到的卻只有其中一、二分，時間的投資報酬率滿差的。總而言之，花了一堆時間在蒐集和整理情報，用到的關鍵情報卻少之又少。想利用情報不成，反而為了整理情報占用太多時間，根本就是本末倒置。

我覺得很困擾，想說究竟該怎麼做，才能變成**只需花一、二分力來蒐集情報，卻可以活用到十分的情報蒐集和整理法**，「這到底該怎麼做呢？」就成為我想探討的主題。究竟用什麼樣的方法，可以輕鬆取得蒐集、整理情報，並且充分活用所得的情報重點。

最後，我終於想到一個既獨特又能推薦別人的方式，那就是**專注於類推思考**。

這個類推思考（按：另稱類比思考）到底是指什麼呢？並不是指去運用那些數位機器或報紙媒體等等，指的是運用人的本能反應。**重視生活本能、日常生活所養成的自然生活習**

性，以及仰賴生活智慧。

每個人的時間與體力都有限。如何以受限的時間與體力充分而有效利用資源？秉持著完美主義的方式將會成為一種阻礙。有限的時間該如何運用才能發揮最大效益？有限的體力該集中投入在哪裡？如何投入呢？這些都是關鍵問題。若想要靈光乍現或想出創意點子主意，得靠自己的類推來蒐集情報。

比起「立刻上網」（搜尋情報），更應該重視自己獲得的一手情報才是。

創意的生成（output），
必須要做到「不上網」。
蒐集到的情報也「不整理」。
而且「不硬記」。

這是我對於高效率活用情報的結論，不間斷、持續做、就有效。

自己專屬的情報更有價值

情報有三種（【圖表 2－1】）。

第一種情報是每個人上網，在谷歌（Google）或雅虎（Yahoo）鍵入關鍵字，或是透過商用資料庫都能搜尋到的情報，其中也包括報章雜誌的情報；一般而言，這些情報多數屬於二手情報或加工情報，由記者或某人調查蒐集、彙整分析而成的情報；或是由企業發布的消息，也包含各種統計數據資料情報。有些加工情報還會再度加工，不少情報經過增刪。雖然包含個人感想、意見，或是發表一手研究結果，但是這些情報可能並不是很可靠。無論是哪一種，任何人都能輕鬆取得，是這類情報的特徵。

第二種是把得來的情報加上自己的經驗或是考察，如此一來，就能產生與眾不同的見解或情報，可稱之為「一．五手」的情報資料。

然而，**我最重視的是一手情報的資料**，也就是只有自己才知道的情報；像是與人直接交談，或是在現場聽到得來的訊息。

【圖表 2-1】 情報的種類

一手情報	自己所看見、聽到的情報
一·五手情報	用二手情報再自己加工的情報
二手情報	別人發布、加工的情報

「那個人說了些滿有趣的事」、「那家公司的工廠運用了這樣的創意」，這些都是上網即使在谷歌也搜尋不到的情報。就算真的搜尋到一模一樣的情報，但能親眼看到、親耳聽到，才是最珍貴的情報。除了感受全然不同之外，透過實際對話，可以深入了解從報章雜誌等無法看見的真相本質。也和只看紙本與圖片會有截然不同的感受，臨場感有時還能喚醒感性。

雖說在活用情報時二手情報很重要，但最重要的，還是一手情報。因為這些都是自己發現、自己才知道的情報，可說是非常珍貴的資料。

每個人最常利用上網的方式蒐集情報，關於這點，不妨認真思考一下。

為了蒐集二手情報，最直接、最方便、最好用的就是上網蒐集。但是，對我而言，利用上網搜尋蒐集到的資料情報，僅限於在很短時間必須蒐集的基本情報而已。

原因有二：一是那些情報每個人都能輕易搜尋得到，既然是每個人都能隨意取得的情報，就很難發展成有創意的點子。不容易想到有差異化的創意，也就是難以生成創意。這種眾所皆知的情報，有時候搞不好會是某些人故意放出的假消息，或者是單純弄錯的情報也有可能。

其二，上網搜尋的缺點，是一開始只輸入關鍵字，除了關鍵字以外，很難發展出其他的聯想。因此，情報蒐集容易受限，在蒐集的過程中也少有新創意產生，很少會有靈光乍現的現象發生。

倘若只是單純搜尋問題的解答或增長見聞知識，以及如果像查字典一樣，去查不懂的單字詞彙意思，這個方法就相當好用。倘若要發想獨特的創意，可能行不通。

比如想要舉行一場社區煙火大會，那就可以上網搜尋，把過去幾年在各地舉行的煙火大會的資料找出來，像是成本、如何招攬客源等資料。通常當被要求搜尋諸如此類的事物時，只要如果上網搜尋或者使用商用資料庫查詢，基本上都可以輕鬆取得。然後利用這些情報，來舉辦一場煙火大會。

只是這樣一來，就很難有一場別出心裁的煙火大會活動。畢竟，不管如何上網搜尋，終究不會找到「我們社區的繁盛關鍵」，所以我由衷呼籲：「無論如何，第一個步驟就是停止上網搜尋」。

要想出獨特的創意，最重要的就是必須站起來、走出去，親自走向人群與人交談；或是利用各種方法參加實體活動、一起討論，這些方法就屬於類推式的方法。

當然有時上網所蒐集到的情報，再經過自己略為加工，或許也能成為有效的一手情報。若能善用一些二手情報，也是能想出不錯的企畫或創意。只是比起這樣的方式，以自己親身所見所聞獲得的一手情報來想出獨特創意，或是提出讓人稱讚的企畫，應該會比較有可能。

生成創意所需要的情報

對我而言，最好用的情報蒐集方法，就是跟人見面、對話、訪談或是討論。藉此可以蒐集到差異化的情報。許多情報都是透過和他人討論所得，同時也能激創意，「靈光乍現」的機率很高。

情報的蒐集過程中，絕不枯燥乏味；不但可以刺激自己的想像力，還能很開心，這是創意生成必經的作業過程。

對我來說，情報蒐集是生成創意的方法論。

不能生成獨特創意的情報，就是毫無用處。同理，二手情報也是一樣，即使是重要的情報，倘若人們被情報牽著走，反而就無法好好運用情報。因此，相信自己的感性，貪心但輕鬆地接收情報。

最近許多人想出創意的方法，都不是站起來走一走找人交談，反而只是坐在電腦螢幕前，持續上網搜尋。我並不是完全否定這種方法，但是這種方法畢竟有它的極限。

像是只想說明 iPhone 功能，只要上網搜尋谷歌或上蘋果官網，就會有許多相關資訊。但是，這些情報幾乎都沒什麼利用價值；畢竟並不是想知道手機功能，而是能不能說出：「對於活用 iPhone 的行動行銷（mobile marketing）究竟是什麼，我是這麼想的。這樣一來，對於貴公司的事業發展有如此這般的影響。」

管理顧問的工作內容不外乎就是這些，經營者經常會問我們：「針對這個，您有什麼看法？」倘若回答的像是報章雜誌所寫那般的標準答案，恐怕無法引起經營者共鳴。換個方式回答「可以從這個方向角度去思考」、「之前也有同樣的例子」，這樣的回答，才會比較有說服力，也比較能夠獲得認同。

當然，這些都不是二手情報加工之後就能超越的境界。甚至如果想要提高附加價值，應該親自找出實際案例，實地訪談獲取情報才是。前提是沒有設限不能和其他公司交換意見。如果有所限制，情報的附加價值會比較低。

無論如何，使用這樣的方式，連結自己過去和現在所擁有的情報，不就可以產生情報價值？

別讓媒體耍得團團轉

無論是電視、廣播或報章雜誌等等媒體，都是很珍貴的情報來源。不過，開始蒐集情報時，必須得篩選所見所聞的節目，一開始取捨時會覺得很痛苦，在電視機前看節目做筆記也覺得很累。所以，與其刻意收看電視或收聽廣播節目，不如從日常生活中一些不經意的地方開始，像是「這段話很有趣！」「這是有深度的內容！」只需要看一下、稍加留意就好。有時也可以把它錄下來，不見得需要特意回頭找檔案資料庫。

接觸眾多媒體的情報，只需要做到這樣的程度即可。倘若被媒體情報耍得團團轉，那可就慘了。

網路也是一樣，我們在電腦螢幕前的時間愈來愈長，其中大部分的時間可能都在上網。即使沒有特定目標在網路漫遊（net surfing），也會順便漫遊新聞，也是一種珍貴的情報蒐集法。輕而易舉就能搜尋海外或各種業界的新聞，有些人只專注體育新聞，不管哪一類新聞，只要是屬於自己的興趣領域，多多少少還是有靈光乍現的時刻。

我雖然沒有提及這個方法論，並不表示我否定這種做法。同樣地，人們對於紙本媒體也各有不同的使用方式。對我而言，這些多半屬於雜學的書籍、報紙、雜誌的情報，與其說和工作有什麼連結，不如說是重要情報來源，如此而已。

在電車上，我也經常接收報章雜誌的情報。看報時，我想到什麼就在空白處寫下來。讀書時，我直接在頁面上畫線或標色，甚至將重要的頁面折角。對於愛書人而言，恐怕我這種習慣會惹怒他們；不過，從蒐集情報的角度而言，卻是一個相當不錯的做法。

在擁擠的電車中很難閱讀書籍時，就會看看琳瑯滿目的車廂廣告。

無論如何，雖說利用媒體來蒐集情報是很重要的一件事，但是，為了保護自己，不要受到媒體過度影響、避免被耍得團團轉，最好還是大方向畫重點就好。

這種保持距離的方式，可以適用於各種既有的檔案資料。比如市場規模的推移、各行政機關或民間智庫過去發表的檔案或預測資料。做為未來的市場動向考量雖很重要，卻不是真實的資料。在過去的延長線上，並不能預測未來。這些都是眾所皆知的情報，幾乎無法從中產生與眾不同的創意或事業計畫。

所以說，與這些情報或資料維持適當的距離感，會比較好運用。

不過，其實有許多人僅只運用電腦網路、數位工具，從過去的檔案資料來做未來的預測，根本沒有親自前往現場實際獲得情報。如此一來，很容易受限於媒體資情報、二手情報和過去的統計資料，而無法跳脫框架思考，造成很難發揮創意和洞察力（insight）。

電車車廂是情報來源的寶庫

我幾乎都是利用電車通勤，想要有靈感，我認為沒有比在車廂內更好、更重要的地方。電車中不只可以閱讀書籍或報紙，也有發呆思考的空間，還可以觀察周遭和流行趨勢，察覺世代年齡層不同的習慣，或觀察最新時尚或潮品。

以前電車中，經常看到有人閱讀報章雜誌或漫畫等等。二〇〇〇年之後，逐漸被 iPod 等音樂隨身聽、行動電話來聽音樂打簡訊，或掌上型遊戲機完手遊所取代。

隱約還記得那時，總覺得電車裡的景象漸漸有別於以往。

主要是因為，電車裡玩手遊的女生增多了，而且大多是成年女性。雖說並沒有什麼不對，只不過往常看到的都是男生在玩，後來漸漸看到一堆女生也在玩，一開始總覺得有些怪怪的。

我原本就是充滿好奇心的人，所以很好奇她們都在玩什麼。看起來許多都在玩益智動腦的遊戲，如同我在第一章有提過的，因為掌上型遊戲機變得輕便可以隨身攜帶，使得原本不玩遊戲的人，變成也開始玩起遊戲了。換句話說，這些成年女性們充分利用空檔的時間玩遊戲，藉此抗老（anti-aging）。

記得以前在電車中，常看到女生在化妝或補妝，姑且不說好壞，我為了探討其中的意義，特別觀察一下，得出二個假說。一是觀念習慣改變，與其讓人看到化妝後的完成式，不如直接看正在化妝的進行式。二是將電車這樣的交通工具，當成自家車子一樣的想法的人，有增加的趨勢。充分利用通車時間，把握在到達目的地之前的時間，不管別人怎麼想，也不會在意別人的眼光。

這個疑問的正確答案，最後還是無解。經過幾年之後，漸漸沒有看到在電車中化妝的女性了。為什麼在電車中化妝的女性逐漸增加？又為什麼這現象逐漸消失？到目前為止都還是一個謎。也一直都未能找到讓我覺得心服口服的答案。

最近電車裡有什麼新變化呢？想必大家都知道的，大多數人都變成低頭族。幾乎很少再看到以前那些讀報或聽隨身聽的人了，大家都改用智慧型手機看 YouTube 影片之類的。

進一步觀察多數人都利用手機做什麼，發現多半都在玩手遊。以前拿掌上型遊戲機在玩的人，現在也都改用手機在玩遊戲。不然就是在用ＬＩＮＥ或Instagram（ＩＧ）等等的社群網路服務（Social Network Services，ＳＮＳ），取代以前在電車上發電郵。整體來看，以往不管遊戲或報紙，我們都是被動的一方，有什麼就接收什麼。近年來流行的ＬＩＮＥ或ＩＧ，可以跟周遭身邊的人交流。這或許就是一種數位溝通主流的展現，將以往原本媒體的單向溝通變成雙向型溝通。

其中，還有些人是利用手機購物，滑時尚購物網站，一看見有喜愛的商品就立刻下訂。以前的網路購物只能透過電腦上網才能訂購。現在智慧型手機的螢幕畫面或畫質都比以前好太多了，上網費也相對變便宜，利用起來變得方便許多，社群網站也進化到可以直接購物。不同以往，在電車上不但可以消遣時間，還可以進行消費。就行銷人的角度來看，消費者的購物行為明顯發生變化。

如此這般的觀察、想像和發想的展開，也會隨著感興趣的對象不同，和原本腦中的檔案資料庫不同而呈現各種內容，每個人可以自己做得到。想像各種趨勢和心理狀態，或是了解為什麼會這樣。所以，我認為電車中，可說是非常重要的創意思考空間。

東張西望的好奇心

同樣地，一般的大街上也是，只不過與電車中有所不同。如同化妝的話題一樣，雖然不容易露出「本性」，但藉由流行便可以知曉。新開了什麼店？又有什麼新流行？又多了些什麼新款車？大街上隨便逛一圈，就能知道許多新情報。

倘若發現有比較不一樣的事物，也可以就地觀察或問一下店家。不然問問看計程車司機，或許也能得到新奇有趣的情報。

比如看到一則報導說：「藥妝店的市場規模快要接近便利超商。二〇一八年便利超商的市場規模大約十兆九千億日圓，藥妝店將近七兆二千億日圓。」

在第一章也有提到，這幾年藥妝店也陳列食品銷售，超商也一樣。甚至也販售日用品、文具和服飾等，這些非醫藥類的商品約占營業額五成。不僅和便利超商競爭，也跟超市競爭。二〇一八年，超市的市場規模大約十兆七千億日圓，結果便利超商略多於超市。

像這樣就算知道這些實際的統計數據資料，還是無法做出差異化。實際走一趟藥妝店或便利超商觀察比較一下，或者去詢問藥妝店的店員，讓一手資料更深入。了解為什麼藥妝店會變成與超市或便利超商一起競爭市場的型態。思考日本人消費型態動向的轉變，也可以找人討論。

在店裡，也可以比照在電車中一樣自得其樂觀察周遭。舉例來說，有一次我進去一間蕎麥麵店，意外發現一些女性從中午過後，就開始點啤酒喝，我覺得滿訝異的。之後把這個狀況告訴認識的一位女性友人，問她：「妳覺得怎麼會變這樣呢？」她反問我：「這有什麼好意外的？」她繼續說：「現在很多人都這樣，你不知道嗎？」我突然有一種從潮流中學習的感覺，當下也發現自己的價值觀正逐漸改變，有一種見證時代的臨場感。

或是平日走一趟會員制的好市多（Costco），會發現大部分商品都是做生意用的大包裝，飲料整箱賣、貝果（bagel）一大份，還有超大尺寸的披薩和厚切牛肉、洗潔劑也是好幾罐裝的。讓人覺得「這麼多怎麼用得完？」「量超多，根本不知該怎麼買？」而且食材的種類其實也不算多，大多偏歐美風格，會讓人感覺好像只是陳列這些量大價廉的商品而已，尤其對單身男性而言，應該是個不大會踏足的地方。

實際走一趟好市多，總是人山人海，有點意外。因為之前聽說的是，會來採買的大部分是一些餐廳業者，或家庭主婦們合購。但實際看到的，大多都是一個家庭全員一起來的居多。一部分的客群幾乎都固定會來採買消費，當下覺得日本人的生活消費模式正在改變。這樣的情報，或許當下只是一種生活常識，或者只能當演講的話題之一來聊聊。有時候還能和其他情報結合，說不一定成為未來重要工作上創意的觸媒。

不論是在電車中或是大街上，廣告都是珍貴的情報來源。車廂內的廣告或是車站大廳牆壁上貼的廣告、窗上的廣告或海報，單看那些看板的廣告，就會了解各種流行趨勢的興衰。

主要是因為，廣告大多可以反映當時的情形。若是看到許多學校的招生廣告，或許就可以感受到因為少子化的關係，造成許多學校的經營危機。從不動產住宅的商業價格廣告也可以看出，一般上班族對住宅價格平均值與區域的需求。有時光看雜誌周刊的標題廣告，大致可以想像內容寫些什麼，對時下的流行趨勢也會變得比較敏銳。

以前電車中並沒有像現在有液晶螢幕的動畫廣告，也就注意到那些沒有在看手機的人大部分都會盯著螢幕看。

只是不管是液晶顯示器廣告還是車廂內的吊掛廣告，都可以發現具有全國規模的日本大企業，廣告都有銳減的趨勢。

配合著季節，同一車廂用類似產品的當季產品廣告。像是到了夏天，啤酒與清涼飲料的廣告就會明顯增多，以及護膚美容和英文學習、健康食品、成藥，還有電車線沿途的不動產，和百貨購物中心或墓園的廣告都會增加。而汽車和家電產品等大企業的廣告就會大幅減少，變成一小撮而已。

為什麼廣告趨勢會有這樣的變化呢？

以往在通勤電車中，根本不可能購物，車廂中的廣告多用來提高知名度與曝光率。

然而，隨著時代改變，車廂中的廣告內容，直接可以從手機、應用程式（Application，App）、社交通訊軟體等廣告通知而得知。導致車廂中的廣告內容，從大眾行銷廣告轉為宣傳曝光的形式，所以逐漸轉成護膚美容和英文學習、健康食品類的需要促銷效果的廣告。

這樣的情報蒐集方法，並不是我自己獨有的專利方法。

例如花王（Kao）前任會長後藤卓也曾經說過：「東張西望的好奇心是很有必要的。」

聽說他也時常在大街上觀察，就連在電車車廂中，也仔細觀察。我印象中，他曾對花王新商品開發人員說，不能老是坐在辦公室裡，還是得要出去逛一逛，才能有新的啟發。

不需要勉強自己蒐集情報

蒐集情報最重要的關鍵，在於經常保持問題意識。一般正常的生活，與為了能生出創意而保持高敏銳度的生活，有什麼不同呢？乍看之下，其實沒有什麼分別。後者也不會因為需要有創意，就比較辛苦一點。

比較不同的一點，在於後者的問題意識敏銳度會比較高一點。不過，說真的，倘若時時刻刻都得抱著問題意識過生活，確實會有些辛苦。所以，我主張**先把曾經有過的問題意識都拋諸腦後**。

為什麼會這樣建議呢？反正那些都已暫時存在潛意識中了。如果在潛意識中已有，也就可以從日常生活中看到的景色或生活對話裡，去找出工作的線索、解決自己遇到的課題所需的創意。倘若一切照常生活、工作只要保持著問題意識，當接觸到相關情報時，腦就會很自然而地引出之前潛意識裡的情報資料庫，自動地產生化學變化，不會就這樣漠視地略過，當成什麼事都沒發生。這點就是最大的不同點。

前面提到在電車中看到人玩遊戲機的情形也是如此。會當成視而不見？還是想「這到底是什麼狀況呢？」進而思考「這情形意味著什麼？」雖說會牽涉到自身的興趣範圍廣泛與否，追根究柢，關鍵在於對情報的敏銳度，以及是否與對這樣重要的趨勢和主題，有沒有保持著問題意識。

例如像是「網路的廣告費用，已超越報紙和雜誌的廣告費用，僅次於電視廣告位居第二位」、「網路廣告急速增加」之類的新聞，每年都會看到。以往「電視、報紙、雜誌、廣播」被稱為四大媒體，現在網路加入戰局，名列第二位。目前網路廣告的市場規模急起直追電視廣告，還聽說豐田汽車網路廣告的比例，漸漸比電視廣告還多。如同【圖表 2-2】所示，近年來網路廣告急增。

其實，觀察最近的一些電視廣告，就能發現到現在的廣告不再像以前一樣只是大企業。新出現手遊、小鋼珠店的娛樂產業、消費者信貸的廣告，以及電視購物的廣告，廣告的種類愈來愈多樣化。電視廣告的門檻愈來愈低，有些地方的電視台會有當地的護膚沙龍或殯葬業者的廣告，大型電視台也開始出現一些以前從未登場過的企業廣告。

我一開始認為，可能是因為「電視台將大企業減少的廣告量，改由其他種類企業的廣告來填埔」。

實際上，即使網路廣告的規模不斷增加，但電視廣告的市場規模成長曲線並沒有下降，只是橫向發展而已。可以看一下【圖表2-2】的曲線圖，就能明白。再比較【圖表2-3】的二〇一三年和二〇一八年柱狀圖比較，更能一目了然。

這個事實，說明什麼呢？

在此親自實地探查，就變得重要。

仔細調查大企業的廣告費用的細項，就會發現，並不是電視廣告減少的廣告費金額，全部都轉到網路廣告費用。那麼，照這樣說起來，網路廣告費的增加，又是從哪來的呢？直接詢問現場的大企業員工後，得到的情報會發現原來網路廣告，並不是全部都由公司的宣傳部、公關部執行。

一般而言，企業的媒體廣告經費大多掌控在內部的宣傳部或公關部。然而，企業實際花用的廣告費用不僅只有這些，促銷活動費之類的預算由營業部門管理。

【圖表 2-2】 媒體廣告費用

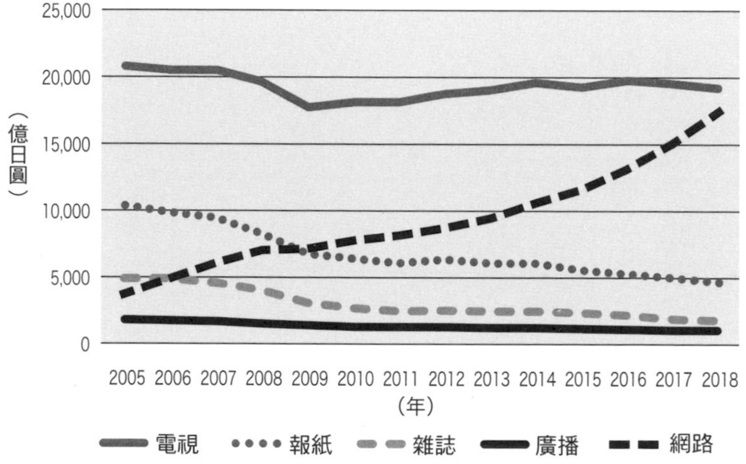

資料出處：電通「2018 年 日本的廣告費」

促銷活動指的是，像在店前的試吃活動、紅利回饋等促進銷售的活動。每一件的預算規模不大，但因為量多，所以加總起來的金額也算一大筆錢。

日本的廣告費一年大約六兆日圓左右，促銷活動費雖沒有確切的統計數字資料，在前公司（BCG）時，我大約推算有六至十二兆日圓。

說不定網路廣告市場的費用，就是從那裡來的。總之，網路廣告的費用。並非從電視廣告費用減少而來的，極有可能就是從促銷活動費而來的。

雖說刊登廣告門檻降低了，但電視廣告的費用還是很高。一方面，網路廣

【圖表 2-3】 二〇一三年與二〇一八年廣告費用比較

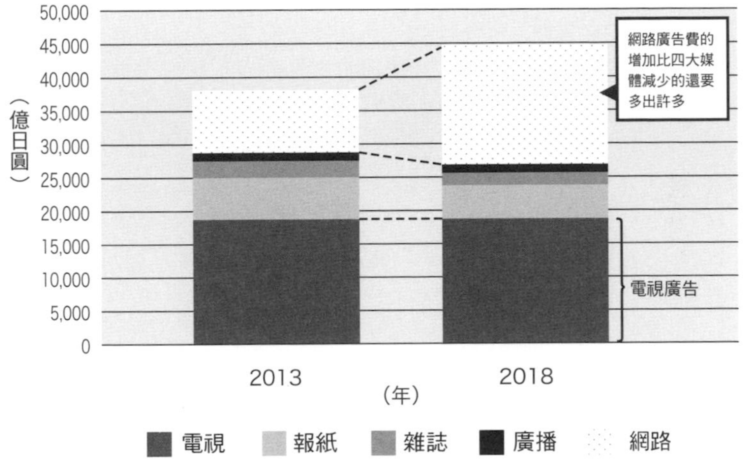

資料出處：電通「2018 年 日本的廣告費」

告的費用比起電視廣告費用要來得低二、三位數字。對一般中小企業的營業部而言就很好用，而且網路廣告也與電視廣告有所不同。

電視和報紙廣告，目的在於增加消費者對於產品與服務的認知，雖然有一定的效果產生，只不過會有多少實際的營收效益卻很難得知。

網路廣告的特徵，並不只幫助提升產品知名度，它將所有的促進銷售效果結合起來。對顧客而言，索取資料、樣品和報價單，都比電視廣告來得方便許多。「一鍵即可」、「索取即可」就能達到成功的經濟效益。同時，相較之下，也比電視廣告更清楚了解廣告效果與業績成長的關係，因此更能達到宣傳效果。

若是這些營業部門所掌控的銷售促銷費用，真的轉用於網路廣告，認為它的營業額與原本的電視媒體廣告相較競爭的這個觀點，那就錯了。

前述提到電車上的人都在滑手機，以及車廂中的廣告大多主打知名度的提升，到銷售促銷活動的廣告等，會連結到發現的這些現象，是因為看到了「網路廣告晉升第一位」的新聞。之後再進一步昇華想到新點子「自家公司的產品、服務等或許可以利用網路廣告來做」。能不能將單純閱讀到的新聞或統計數字，與現場親自看到的狀況連結，進而昇華成為有力的情報，這些都會依據問題意識的有無和強弱來決定的。

若有問題意識，一定會再多注意。第一次看到時可能稍微歪著頭頓一下，如果接二連三看到，一定不可能錯過。像這樣不斷注意情報，並且意識到它的存在，而從這當中很可能生成創意。

換句話說，如果看到了也不吸睛，就表示不需要太在意，直接忘記就好。一次或二次直接忘記，或是與問題意識沒什麼關係的情報和現象，都不用加以留意。總而言之，也就是將太多的情報直接過濾掉。

在世上的所見所聞，都可以算是情報。可以說是非常散亂，許多都是隨手可得的二手情報。所以，除了執著於一手情報，還必須利用問題意識當成濾網以區分情報。若是把大量的情報蒐集好之後，再刪除多餘的情報，會相當花時間。再從中篩選重要的情報來分析，這種做法並不切實際。

究竟該怎麼做？那就是一開始，只著重在重要的情報上。

在日常生活中會如何呢？不用艱澀的問題意識的字眼，比喻為「過篩之後看世界」、「戴上某種眼鏡看世界」比較好懂。如同在通勤的路上，對於不感興趣的店視而不見，這是一樣的道理。人只關注自己感興趣的情報，這和問題意識是一樣的。

料理的食材也是一樣，比如自己平時對義大利麵感興趣，逛超市時在貨架上有可能會發現食材，心想：「可以把這個加進去義大利麵裡面試試看！」或外食吃到喜歡的料理或味道時，也會想「下次也要將這種調味加進義大利麵裡，看看味道如何？」這些就是所謂的靈感。

這也可以解釋為平時就很喜歡煮義大利麵，因為有想創作新菜單的「問題意識」，所以在超市貨架上看到的蔬菜或調味料，就會自然而然地連結，產生一種「靈感」的反應。在那時也並不是第一次的體驗，過去也曾同樣情形發生。這只是能否加進義大利麵的一個例子

（比喻檔案資料），搞不好之前也有試過，只是做得不大順利或難吃的例子（當成檔案資料庫），保存在記憶中，藉此慢慢醞釀提升靈感的品質。

工作也是一樣的道理；以我來說，平常的所見所聞，如果與我所感興趣的市場行銷或經營策略有相關的話題或事情，一定會立即受到吸引。保留那些相關領域的事務當成問題意識，來意識相關的事物是很重要的事。

不過，必須要注意一點就是，在日常生活中，問題意識等於興趣是可以的；但是職場上，許多時候單靠自己的興趣，並無法和工作領域交集。關於自己的工作，更應該自動自發、隨時隨地保持問題意識。假如自己是中年的職場人，鎖定的目標客群卻是平時很少接觸的主婦或青少年，必須努力接觸這一類的族群。鎖定的若是青少年客群，就多去他們會聚集的場所。多閱讀他們常看的雜誌、瀏覽他們常看的網站、收看他們愛看的電視節目，從中找尋情報。了解他們「有什麼需求？對什麼不滿？喜歡誰？現在流行什麼？喜歡什麼樣的商品或服務？」等等。

怎麼想都想不起來的情報，就是不怎麼樣的情報

在意的情報，究竟要如何整理比較好呢？答案是：什麼都不做。

在外面時，也不用智慧型手機記錄下來；回到辦公室、回到家也一樣，不再用智慧型手機或電腦整理記錄。感興趣的電視節目，也不需要用ＤＶＤ或ＨＤ錄下來。感興趣的部分，只需要「好好留意」即可，這樣效果比較好。

比方喜歡電視或雜誌上某位藝人或歌手，因與工作無關，就說「長得很可愛」、「唱歌很好聽」、「這是我的『菜』(喜歡這種類型)」。除非真的印象很深刻，或真的很喜歡，不然光是出現在電視廣告上時，當下可能覺得「滿可愛的」。廣告一閃過，就忘得一乾二淨了。不過，如果說在短時間且不同的情況下，看到同一位藝人二、三次，可能自然會覺得有點好奇「這位藝人是誰？」「在哪個節目、連續劇演出？」甚至會去問人那位藝人叫什麼名字、或上網搜尋藝人的相關資料。結果自然而然在腦中主動歸類為「喜歡的藝人」，倘若是歌手，就可能會去購買ＣＤ專輯或下載歌曲來聽。這就是一般生活中，會有的情報整理和活用術。

在職場上，為了想出工作可用的創意，所做的情報整理和活用術，也大致相同。

在腦中為感興趣的情報做記號，如此而已。

與那些「之後，怎麼也記不起來、不怎麼重要的情報」切割。

如果善用這個方式，情報整理就會變得很輕鬆，而且自然而然長久持續。不過，如果對於所有的情報都沒有感覺，就會無法過濾，因此必須保持著問題意識。若要連結工作，必須明確標示對應的主題，去比較容易取得情報的地方與人會面，藉此連結情報。雖說一定要有這些努力，但所取得的情報，不用全部牢牢記住或做筆記、錄音等，也不用電腦整理存檔。

在第一章中，多次提到檔案資料庫，這是自己假想的虛擬檔案庫，並非電腦、龐大的檔案系統，或整理完善的檔案資料。

只要保持問題意識，對於感興趣的現象，主動多接觸、多看多聽獲得情報。

然後，在腦中為可能日後用得到的情報下標籤。

就像電腦上的**索引**（index）一樣。

下標籤、做索引，比較容易記得住。

造物主把人腦做得很不錯，像是我們看到喜歡的藝人、覺得好吃的料理很直接就會受到吸引。遇到自己喜歡的對象、感興趣的主題一定會留意。如果是一般的小事，就算受到吸引，也僅限於此，過了就忘了。

但如果那情形在腦中還沒忘記時，再次、多次出現，就極有可能轉化成索引，然後暫存於腦中，不會太快忘記。

像這種在腦中做記號成為索引，會對日後的情報活用產生關鍵意義的所在。

突然聽到不錯的音樂，當下對唱高的歌手有點好奇，但這時通常直覺反應「這首曲子滿好聽的，等一下再來查歌名。」「這位歌手長的滿可愛的，叫什麼名字呢？等一下再上網查查看。」

當下有這樣的反應，那就對了，之後再上網或利用檔案資料庫搜尋都可以。

之後有沒有找出答案，都無所謂。因為有想著之後還要去搜尋，就表示在腦中已經下標籤。

在腦中做記號或貼著便利貼，就算當下沒有立刻去搜尋，只要重複發生，應該就會牢牢記住了。再不然也可以追加一些情報，這樣也會加深記憶。

在腦中做記號的方法

我將自己所用的腦中記憶方法，整理如下。

首先要保持問題意識。可以將感興趣換成一種好奇心。工作之外的事情，好比說愛好的事物或生活所需的東西，即使是放著不管，它也會自動產生問題意識。若在職場，可能就沒辦法自然而然產生。先認清在工作上，自己會有興趣的領域。一開始，只需要一到二個領域（就像抽屜一樣）就夠了。

如果有問題意識，只要一有風吹草動，腦中就會發生化學連鎖反應。針對在意的情報在腦中標記，也就是「做記號」。

我曾做過以下的事：覺得正在閱讀的書籍或雜誌很有趣時，不管用原子筆或什麼筆，顏色不管黑的、紅的都無所謂，我會直接畫線。

重點是，動動手，讓視覺能暫留。
之後什麼都不用做，忘了也沒關係。

如果讀到的文章內容觸發一絲靈感，就會利用書籍的空白處將它先記下來。若無法寫下來，就會先把那一頁的頁角折起來。

寫在空白處的筆記也不必整理，有頁角折起來的那一頁，也不需要再次重新閱讀。甚至也不必再去確認到底在哪一頁有畫線。因為那些畫線、折頁角的舉動，已經在腦中做了索引的連結。

報章雜誌不會特意保存下來，所以有畫線的地方之後可能會無法找到，乾脆直接剪下來，如果手邊沒剪刀或沒時間，就直接撕下來。這也是**與其之後再去找出來使用，當動手撕下來的那一刻，腦中已經自動標記（做記號）**。

看了一些現象或事情而有靈感，或者單純覺得有趣，可以抄寫下來或是拍下來。以前我都用羅地亞(RHODIA)十乘以七公分的小筆記本來記事。最近都用 Evernote（行動 App）來記事。這是一款在網路上記事的基本服務功能。

不論是白板上的照片聯想出的記事、草稿等，都可以寫上去。有三千多個選項，其他類似同樣的還有 Dropbox。這三種之外，我還會用 Gmail、iCloud 等，沒有以上這些幾乎辦不了事情。

以上這四種服務基本上都是免費的，大多數人也都用免費的，但我是用需要付費的部分。比如 iCloud 使用五 GB 以下是免費，但我認為不夠用，所以會付費升級到二百 GB。

照片以前是用小型的數位相機，現在因為智慧型手機的相機功能大大提升，用手機來拍就很夠用。覺得有趣的就直接拍照記錄存檔，連電車的時刻表也會拍照存檔，需要知道電車時間就點開看。不限特定用途，什麼都能用。

再來就是與人交談對話，也是讓腦記住的有效方法。畢竟比起親眼看到、透過閱讀、親耳聽到等，在跟人交談對話的當中就會反芻談話的內容，所以更能加深記憶。

這是跳脫於腦標記（做記號）方法，但是，與人交談對話，不但可以整理自己的想法之外，還能簡單判斷對方是否接受自己拋出的話題。

第三章

把情報放著發酵熟成

二十個抽屜

在我的腦中有二十個隱形抽屜，這些抽屜藏著我實作方法。

事實上，也不限定二十個，有時抽屜的數量會改變。每個抽屜都有不同的主題，主題也會變。必要時，我會清點抽屜的數量，維持在二十個上下。

這些隱形抽屜，原本是為了在談話時，加深對方的印象，或是說服對方時，預先準備「對話中會用到的話題」，也是「放在腦中假想的檔案資料庫」。這二十個虛擬抽屜，每一個都貼上不同的標籤。每一個抽屜裡，又收藏二十個話題（做為談資的案例，也就是情報）。每一個話題稱為資料夾，可以想像櫃子的抽屜中，排列整齊的資料夾。最多時，會有二十乘以二十，也就是四百個話題（資料夾）儲存在腦中。

【圖表 3－1】是二〇一九年我腦中虛擬抽屜的標籤。

【圖表 3－2】是我拿出「以色列」和「創新」這二個抽屜當成案例，說明在抽屜裡有什麼樣的話題（資料夾），其中有許多話題。

【圖表 3-1】 作者腦中虛擬的抽屜：二〇一九年

抽屜

假說思考	創新
論點思考	共享經濟
右腦思考	電動車（EV）
商業模式（平台）	自動駕駛
賽局變化	交通行動服務（MaaS）
典範轉移（paradigm shift）	以色列
領導力（leadership）	谷歌、亞馬遜、臉書、蘋果（GAFA）
培育經營者	訂閱制
企業治理	人工智慧（AI）
社外董事	個資
運氣（直覺）	

各種主題（抽屜上貼的標籤），試著用自己現有的話題歸納，就會變成憑感覺區分抽屜的清單。哪一個情報應該要歸入哪一個抽屜，並沒有嚴格規定。例如我把二〇一八年臉書洩漏用戶個資事件標記（做記號），放在「個資」的虛擬抽屜中。這個可以放入「平台」（platform），也可以放入「GAFA」（Google、Amazon、Facebook和Apple）或「個人檔案」的抽屜。同樣的「GDPR」（歐盟一般資料保護規範），也可放入以上三個抽屜。

重新檢視不同的抽屜中的資料夾，會發現裡面藏了許許多多各種的情報。當然，我會隨著關鍵字不同，因應不同談話

【圖表 3-2】 作者腦中虛擬的抽屜：以色列、創新的話題

話 題

以色列
8200 部隊
糧食自給率
所有的家都有避難處
從零到一
失敗和成功的價值相同
鐵穹防禦系統
哭牆
手握步槍的便服女性
徵兵制
簡報形式
沒有完成的簡報
電動機車
移民國家
出生率 3.11
⋮

創新
創新從邊境開始
RING（按：瑞可利〔Recruit〕以員工為對象的新事業提案制度）
教父和冠軍
CBS SONY 徵才
丹後縐綢
河川水位
冰的管線
海底的百威啤酒（Budweiser）
車輛安全氣囊的發明人
素人的重要（雀巢公司）
超商咖啡 7-Eleven
線上英語
Times（按：租車與停車服務）
青山花市
從零到一
失敗和成功的價值相同
⋮

的狀況。這些不只是談資的話題，必要時，很可能也是等待靈感乍現的個人獨有的情報池，也就是虛擬檔案資料庫的內容。

我對「以色列」很感興趣，把符合問題意識的話題整理成【圖表3-2】，之後儲存起來，或是將這些話題都貼上「以色列」的標籤。這是因為我在二〇一九年前往以色列九天七夜，發現以色列是個有趣的國家，之後我陸續提到以色列的見聞。所以，我做了一個屬於以色列的虛擬抽屜，只要聊到關於以色列的相關話題，很容易我找到話題。

我來舉例說明。以色列主題（抽屜）中第一個話題（資料夾）是「八二〇〇部隊」，這是以色列軍隊的名稱。以色列是徵兵制，從年輕軍人中選出電腦菁英，進入以色列軍事情報局的一支精銳部隊，這就是八二〇〇部隊。主要擔任監控全球資安維護以色列，在全球的商業領域非常有名。以色列的新創企業很盛行，其中許多創業者就是從八二〇〇部隊退伍的菁英。

在以色列，徵兵都在大學入學之前；所以，在以色列，再怎麼早，大學入學也超過二十歲，大學畢業最晚也二十六、七歲；或許因此很多人退伍後不進大學，而直接創業。

「從零到一」的話題，也和新創企業有關。以色列人的民族習性，不大喜歡屈居人下，比較喜歡自己創業當老闆。比起「從一到十」、「從十到一百」，多數人更喜歡「從零到一」。

相反地，在ＩＴ高科技聚集的矽谷，大多數人喜歡「從一到十」或「從十到一百」。未來富有希望的研發，比較能獲得高額的資金挹注。在矽谷的新創企業對於一億日圓、十億日圓，都不怎麼放在眼裡，大多是以一百億日圓起跳為目標。在以色列，創業者並不積極籌募資金，許多人反而比較熱中於「全球首創」、「史無前例」的事物。正因如此，有許多新商業模式都是以色列人發明，以人口比例來說，獲得諾貝爾獎的比例也比其他國家來得高。

以色列駐日大使館科技部經常在臉書上，介紹以色列的新發明或新科技。像是二〇一九年二月，以色列的民間團體 SPACE-IL，利用美國太空探險技術公司 Space X 的獵鷹九號火箭（Falcon 9 Rocket），成功發射月球表面探測器創世紀號（Beresheet），很可惜沒有成功登陸月球表面。倘若成功，應該是世界上首家打造月球表面探測器的民營企業。二〇一九年四月，特拉維夫大學的研究團隊，成為世界上第一個成功以 3D 列印機做出人體組織器官、心臟等等的組織。

另一個以色列新創企業的例子，是由希伯來大學教授阿默農·沙書亞（Amnon Shashua）創立自動駕駛技術公司無比視（Mobileye），將自駕技術商用化。獨家成功研發距離測定技術，一般在測量距離時，必須要有二台以上的相機，但他們卻開發出只需用一台單眼相機，就能測量車輛間距，防止衝撞事故。英特爾（Intel）注意到這項發明，在二〇一七年三月，以一百五十三億美元高價收購 Mobileye。另一家是以醫療技術為主的給予成像（Given Imaging）這家公司，最具代表的產品就是膠囊內視鏡。是世界上最早開發出膠囊內視鏡的公司，之後由愛爾蘭的柯惠醫療（Covidien）以八億六千萬美元收購。

和新創公司相關的話題，還包括「失敗和成功的價值相同」。以色列和日本不同的是，創業失敗的次數愈多、愈贏得讚賞。也就是說，他們看待創業成功三次與失敗三次是一樣的價值。當然，成功者資產暴增，失敗者一文不值，但是他們看到的是「失敗多次的人，會累積失敗的經驗、記取教訓，有朝一日也許就會成功」，是從敬佩的角度來看待失敗。

不過，日本正好相反，只要失敗過一次，就不會有第二次機會。更何況是接二連三失敗很多次，幾乎沒有人敢投資。看待創業的心態差異，可以知道日本和以色列二國在經濟活力上的差距。

這些在「以色列」抽屜中的話題（資料夾），請參照【圖表3－2】，會發現有一部分和「創新」抽屜中的話題重複。例如：「從零到一」、「失敗和成功的價值相同」。

在不同的抽屜放入相同的話題，主要是因為比較容易區分同一個話題，以因應不同對話的狀況。比如我拜訪以色列之後，曾經先後二次在大前研一所經營的BBT大學（Business Breakthrough University），分享以色列見聞。所以，我就可以打開「以色列」的抽屜，然後逐一介紹其中話題資料夾中的情報。另一方面，當受邀參加「敝公司究竟該如何做才能創新？」之類的企業會議時，我會直接打開「創新」的抽屜，把「在日本比較不容易創業的原因之一，與民族性、文化有關。比如在日本第一次創業失敗的人，通常很難再有第二次的機會。可是如果在以色列……」，同樣話題，可以用不同角度說明。

再來介紹以色列的另一個話題。在以色列時，我曾拜訪當地一個國家級資安的非營利組織，並且聽取簡報。「簡報形式」就是針對那時發生一件印象深刻的事情，所設的一個話題。當時有二人接待我們，他們是搭檔，一人先用 PowerPoint 開始介紹組織。正當第一頁的介紹快結束時，另一人卻突然說：「簡報太無聊了，還是來討論吧！」就打斷正在進行的組織介紹。

對我們而言，因為根本不知道他們是怎樣的組織，所以很想聽完簡報。而且在日本，也絕對不會發生這種直接打斷進行中的簡報、轉頭開始討論的情形。不過，這種情形在以色列卻不算罕見，算是很正常的情形。因此，我留下「以色列人非常喜歡討論」的印象。

「沒有完成的簡報」這個話題，是以前我任職於波士頓顧問公司時，跟以色列客戶做簡報時所發生的事情。那一次是以色列特拉維夫、美國紐約、日本東京的三方電話會議，大約進行二小時。其中一小時，原本要簡報，可是才剛進行說明，就被以色列客戶中的一位打斷。接著，其他的以色列客戶也開始自顧自地討論起來，根本無視正在做簡報的人。

結果原本預備一小時簡報，不到一半就遭到腰斬。我方覺得，這次簡報非常失敗。會議結束後，我方討論：「該怎麼挽回情勢才好呢？」沒想到結果出乎意料，後來聽說，客戶層峰很高興：「今天會議相當不錯！」與其說簡報，還不如說是我們提供對方談資，所以獲得好評。由此可見，以色列人真的很喜歡討論。

順應時代變遷調整抽屜

除了抽屜中的話題（資料夾）需要經常變化，抽屜主題也要因時制宜，這也反映我的工作領域和興趣的轉變；為了方便說明，我把以前抽屜主題拿出來看一下。

【圖表 3－3】和【圖表 3－4】，就是以前我放在腦中的虛擬抽屜。【圖表 3－3】是一九九八年的抽屜、【圖表 3－4】是二〇〇八年夏季的抽屜。其中，有相似也有不同。

這些抽屜主題，也稱為「標籤」（label），為了能便於說明。如果能像這樣，把需要的情報在腦中反覆尋找，就不需要特別打開抽屜，逐一找那些檔案資料夾。與人談話時，也不至於因為翻找資料而耽誤時間。可以直接搜尋四百多個話題（資料夾），這些抽屜有什麼樣的效果助益呢？說穿了，就是利用自己本身的問題意識。

無論以前或現在，都能輕鬆找出話題。

比如「典範轉移」抽屜中，有一個「西洋棋的名人」的話題，是從諾貝爾經濟學得獎者赫伯特・西蒙（Herbert A. Simon；按：另譯為司馬賀）的著作《系統的科學（第三版）》（*The*

【圖表 3-3】 作者腦中虛擬的抽屜：一九九八年

抽屜

資訊科技（IT）	電商（EC）
能力	音樂流通
行銷	情報服務產業
假說、驗證	網路
組織學習	公部門
解構	消費者刺激型商品開發
	情報策略

【圖表 3-4】 作者腦中虛擬的抽屜：二〇〇八年夏天

抽屜

假說思考	行銷
論點思考	商學院
右腦發想	電子錢包
商業模式	Web 2.0
典範轉移	企業再生
異業格鬥技	新創
領導力	金磚四國（巴西，俄羅斯、印度、中國；特別是印、中）
經營者養成	足球
創造性	郵購／網購
運氣	走下坡的日本

Science of the Artificial)，提到很有名的事情，所得到的靈感才想出的話題。

在認知科學的實驗中，有一種情形，把中斷比賽的西洋棋的棋盤，讓職業級西洋棋手，和知道規則而且喜歡下西洋棋的人，以及完全不懂規則又不會下棋的人，這三種人在短時間稍微看一下。然後，請他們重現剛剛的西洋棋盤。

職業級西洋棋手一定是最接近原本的棋盤，接著就是知道規則且喜歡下棋的人，最後才是完全不懂規則又不會下棋的人，和原本猜想的情形一致。

另一次則完全不按照棋譜排成的棋盤，也就是隨便亂排。然後，同樣請這三種人重現棋盤。就會發現一個有趣的現象，正確率恰恰與之前的順序完全相反。

完全不懂規則又不會下棋的人，最能呈現原先的棋盤；其次是知道規則且喜歡下棋的人，最後才是職業級棋手。為什麼會有這種奇妙的結果呢？

因為在職業級棋手的腦中，記住上萬種棋譜，這些都只呈現片段的記憶。所以，只要搜索出片段的記憶，就能輕鬆地重現原先的棋盤。

但是，亂排的棋盤與自己腦中原有的記憶檔案資料無法對照，因此產生記憶排斥，所以才會變得無法正確作答。為什麼完全不懂規則又不會下棋的人，最能呈現原先的棋盤呢？

原因其實很簡單，因為對於完全不懂西洋棋的人而言，不論是原先的棋盤，還是後面亂排的棋盤，在他們眼中看起來都是一樣的，所以正確率也相同。職業級棋手因為腦中呈現混亂的狀態，所以無法正確回答。正因如此，才會造成重現棋盤的正確率，比完全不懂西洋棋的人還要來得低。

對一般人而言，通常一旦習慣固定（典範）之後，遇到不同的局面（典範轉移），很容易引起混亂的狀態。

至於我如何運用這些話題（資料夾）中的內容呢？舉個例子說明。

以前我還是管理顧問，在與客戶談話時，這些內容可以加深客戶的印象；不僅如此，談到相關的主題時，也可拿來當案例，進一步說明自己的看法。

還有一個情況，就是當大家一起討論時，必須回答對方提出的問題。這時候，就可以找出這些儲存於腦中的話題，以佐證自己的理論。如此一來，能夠有效吸引對方的注意。因為舉出實例說明，可以說相當具有說服力，如同活用類似的事例（類比〔analog〕，另譯為類推）是一樣的道理。這些話題也能用於一般演講，比如以下的情形。

在企業中，職位愈接近層峰的人，對典範轉移愈遲鈍。為什麼？因為這些人憑著原本的思考模式成功，逐漸晉升為現在的高位。所以，在他們的潛意識中，非常遵從原先讓他們成功的典範思考模式。不過，一旦發生變化，他們還是習慣用原先的典範思考模式解釋一切，不願意相信眼前的新變化。奉勸諸位，千萬不要變成那樣。

說到我，則是容易犯職業病。一想到總有一天，這些話題可以當成談資，不管是思考企畫案、經營管理的自我提醒，或是把問題意識當成新情報的觸媒、引起化學反應產生靈感的檔案資料庫等，顯得很有意義。設法創造一個環境，才能想出與眾不同的創意。

或許只以「西洋棋的名人」這個例子說明，還是讓人搞不清楚。接下來，介紹另一個話題。

奧夫特總教練的牛

在「典範轉移」抽屜裡，其中一個話題是「恐龍的絕跡與隕石撞地球有關」。

這在喬爾．巴克（Joel A. Barker）的著作《典範》（暫譯，*Paradigms: The Business of Discovering the Future*）介紹過。書中提到，目前的研究定論顯示，恐龍的絕跡應該是因為隕石撞地球而造成的；並不是以往大家以為地球的環境變化，讓恐龍無法適應才漸漸絕跡。

提出「恐龍因隕石撞地球而滅絕」這個說法的人，既不是生物學家，也不是考古學家，而是諾貝爾物理學得獎者路易斯．阿爾瓦雷茨（Luis Alvarez）。

他提出這個違反常識的論點，是因為他從恐龍滅絕時代白堊紀和第三紀交接的地層中，發現鉱層的含量高於正常標準；進而建立假說，恐龍絕跡是因為地球受到巨大隕石的撞擊所造成，阿爾瓦雷茨也因這個新論點而成名。

然而，專家們只相信以往的典範，也就是恐龍受到環境變化才滅絕的說法，所以無法接受阿爾瓦雷茨的說法。

從中可以學習到一件事情，愈是專家，就愈容易受限於自己既有的知識和常識，導致不大能接受新的思考方式。當有新的說法是由門外漢提出時，很有可能就會受到那些專家或權威的排斥或拒絕。當企業有接觸新想法，或是競爭對手推出獨特的新策略，都應該要注意，不要受到既有模式絆住。

在「領導力」的抽屜中，有一個叫「奧夫特總教練的牛」的話題，這是長久以來我常用的話題。漢斯．奧夫特（Marius Johan "Hans" Ooft）教練曾經是日本國家足球隊的總教練，帶領隊員獲得一九九二年亞洲盃足球賽冠軍。當時的隊員，是由日本職業足球甲級聯賽（Japan League，簡稱 J. League 或 J1）挑選出來。奧夫特在他的著作《日本足球的挑戰》（暫譯，『日本サッカーの挑戦』，德增浩司譯，講談社出版，一九九三年）中提到：「有先見之明，是領導者最重要的能力。這種能力，是以經驗為基礎的科學能力」。

當對面來了一群牛，光看牛的臉，就能推論牛尾的形狀，這就是先見之明。如果牛群通過之後，才看到牛尾的形狀，這是每個人都會的事。如果身為領導者，這樣就不合格了。領導者必須在看到牛臉的特徵時，就能立刻判斷出牛尾的形狀。懂得掌握牛臉和牛尾的因果關係，才是稱職的領導者。當然，一開始一定都猜不中，奧夫特教練主張重複幾次之後，漸漸抓到訣竅而猜中。依照奧夫特教練的說法，領導者的先見之明，可以藉由觀察和驗證學習的。

關於這點我完全認同，因為這也是一種假說思考。所以也把這個話題放入「假說思考」的抽屜中。換句話說，「奧夫特教練的牛」的這個話題（情報），連結領導力和假說思考二個問題意識。

再舉另外一個例子：二〇〇八年夏季時期，我腦中的虛擬抽屜中，有「電子錢包」的話題，再有「售票機延伸儲值機」。這是以前從ＪＲ東日本聽來的案例。

聽說當初在導入西瓜卡（Suica Card；按：兼具車票與電子錢包功能的儲值卡）時，最初設計的想法是當卡片儲值金額減少或快要歸零時，旅客可以事先在車站、未進驗票口的閘門旁邊的加值機進行儲值。然而，實際的使用情形卻跟原先設想的有所不同。因為大多數的人都並不會在搭乘前先儲值，反而會在下車後才儲值。

想來也是，一般人通常都不大去管哪一站到哪一站的車資是多少錢，反正先搭了再說。而預付卡式車票最大的好處就是可以先搭車再補票額，這也算是人之常情的自然行為。可分為二種人，一種就是不管餘額有多少先過驗票口再說，如果餘額不足被擋下來時，再去儲值。另一種則是感覺好像快餘額不足了，先儲值再進驗票口。

因為了解實際的使用狀況，所以ＪＲ東日本很快在未出驗票口的旁邊，設置多台儲值機，以方便西瓜卡儲值，相對地，售票機就逐漸減少了。

這裡可以發現一件事，例如：像在嘗試做電子錢包這種新的服務事業時，不大可能一開始一次到位，都是一邊做、一邊觀察進而調整，看看顧客和市場的反應如何，再適時修正，這種試水溫的想法很重要。從行銷的角度來說，建議最好先做小規模的市場測試。話說得重一點，就是「沒做做看怎麼知道行不行？試了再說，之後再從中學習也很重要。」不過，口頭上這樣說，感覺比較沒有說服力，我才舉西瓜卡為例說明。

自由自在的虛擬抽屜

第一章提到，在腦中為在意的情報下標籤，僅是這樣就能記住，和像這樣的話題相較之下，是屬於自由奔放的情報記憶，尚未成形為話題。因為什麼都不是，所以也不必整理，就這樣擱著就行，就當是話題的半成品吧。

比如「領導力」是我平常關心的問題意識之一，除了在大學開班授課之外，身為一位管理顧問，這也是非常重要的課題；因此，這個抽屜中總是充滿了各種大量的情報。有像「奧夫特教練的牛」的抽屜一樣，是讀了書才獲得的二手情報；也有直接從企業經營者那裡聽來的一手情報。

其中，我邀請二位企業經營者為我和研究所的學生們講課，之後他們回答學生們的問題時，湊巧有討論到共通的話題，讓我留下深刻印象。這二位都恰巧舉了有關思想與宗教的古典文學。因為我很喜歡閱讀有關中國歷史的書籍。所以也把這當成一個情報輸入到腦中。在領導力的抽屜中，只將「古典文學」標記（做記號），不需要多做其他。或許在某年某月的某一天，會升級成為「話題」也說不一定，也許有可能逐漸淡忘。這些情報不需要太在意，只像堆山一樣，持續堆著就好。

這些抽屜都是我下意識直接能寫出來的，抽屜的數量並沒有限定二十個，也沒有前後順序，從邊數過來第三個抽屜也非一定是「領導力」，剛好覺得那位置恰當適合罷了。

有時候會有一個主題細分後，抽屜塞太滿裝不下的情形發生。因為我曾經擔任過「資訊科技」(information technology，ＩＴ)產業的管理顧問，與「ＩＴ」相關的情報實在是太多了。即使抽屜分出多個資料夾，根本不夠裝。

有一陣子，我在同一個主題下，有很多個ＩＴ相關的抽屜，例如：「資訊系統」、「資訊長（ＣＩＯ）」、「ＩＴ投資」依照不同情形來分類。問題意識並不限於ＩＴ，只是將其細分而已。

現在因為已經不再擔任ＩＴ產業的管理顧問了，所以也刪除「ＩＴ」的抽屜。

現在關心的是共享經濟、訂閱經濟、人工智慧，或是谷歌、亞馬遜、臉書、蘋果（ＧＡＦＡ）等新經濟和新科技等題材，因此會有新的抽屜。

像這樣自然而然改變抽屜中的情報內容，順應時代自然淘汰或擴充，也沒有太嚴格規定的做法。資料夾也是一樣的情形，有的長久以來一直都還存在，有的則已消失無蹤，還有新加進來的東西。

我覺得這樣子滿好的，就跟日常生活或興趣知識等等情報一樣。

比如：有人喜歡美食，就有「日本料理」、「中華料理」、「法國料理」和「義大利料理」等抽屜。或許有一陣子，只專注於亞洲各國的料理，讓原本的充滿各國料理情報的那個抽屜爆滿出來，只好在細分為「印度料理」、「印尼料理」和「越南料理」。而這時期的「法國料理」和「義大利料理」其實是可以維持同一個抽屜，不用再細分。或許也可放置在「其他」的抽屜中。這樣的歸類整理、能自由方便取用是腦中抽屜的好處。

製作一個工作用的抽屜

例如【圖表 3-5】就是我日常生活的抽屜，每個人的腦中或多或少都有這樣的假想抽屜。隨便數應該都有十幾個以上才是，平時都不會特別去意識或注意，也不用努力去記憶，一旦遇到了就會從腦中自己跑出來。我能將這二十個抽屜活用於商業領域，正因為它是如此彈性以及方便使用。

上述這些好像是與工作無關的抽屜的例子。稍微仔細一想，其實工作職場上應該也同樣是有這些抽屜的。用圖表來看如【圖表 3-6】的左邊。左邊的抽屜其實跟私底下生活的抽屜一樣（自然堆放就好），換句話說，只是讓工作職場更加順暢的功用，幾乎不用刻意在意的檔案資料庫。

右邊就不能像是左邊那般放任不管，需要變成有點工作的意識或刻意想法的抽屜。這些抽屜中的資料夾（話題），將會是能產生新的附加價值的創意銀行，或是當遇到新的現象時，能激起靈光乍現的火種。

【圖表 3-5】 作者腦中虛擬的抽屜：日常生活用

抽 屜

午餐好吃又便宜的店家
適合約會的店家
同性好友輕鬆小聚的飲料店
之後有時間想讀的書
下次休假時想去旅行的地方
自己喜愛的名牌
有喜歡衣服款式的店家
有困難時會幫忙的朋友
與自己的興趣足球相關的話題

【圖表 3-6】 作者腦中虛擬的抽屜：工作用

抽 屜

- 自己工作上有不懂的地方可以請教的人
- 工作上有需要找資料時會參考的書和網站
- 電腦的使用方法不懂時可以詢問的人、部門
- 客戶喜歡在那應酬的地方
- 公司內部簽呈能夠順利通過的方法論
- 上司偏好的食物、中意的餐廳
- 新產品開發的成功故事（電視或雜誌上看、聽到的）
- 自己負責的產品或服務有稍微不同的用法
- 從顧客或朋友那裡聽到對公司或公司產品的不滿、要求

「養」抽屜的方式

一下子就要預備二十個抽屜，而且抽屜裡還有二十個話題，應該很難辦到。首先還是先從二個抽屜開始，然後在二個抽屜中都各放二個話題資料夾，這樣可能會比較好。這個二乘二的概念，像是【圖表 3-7】。

抽屜在使用後，一定會慢慢增加。

進一步在自己的興趣或是工作上，可能需要用到的領域範圍，再一個個增加抽屜的數目。當然，不用刻意今天就下定決心，一次增加或機械式增加。以新商品開發的例子來說，可分成這二種，一是成功開發出新的商品或服務，二是依照顧客的反饋將既有商品改良成功。

這樣的做法，倘若換成是一般卡片式情報整理法，或用智慧型手機存檔案資料，都不會如此方便。腦中虛擬抽屜的記憶體容量不但沒有限制，還能一直擴充。如同前述整理情報、儲存情報，如果數量一直膨脹下去，會變得比較不好使用。倘若情報沒有更新，那些有

【圖表 3-7】 腦中虛擬的抽屜（建議初學者用）：二個抽屜乘以二個話題

市場行銷	**（抽屜 1）**
電車內的廣告	（話題 1）
網路廣告和促銷費用的關係	（話題 2）

新商品開發的勢力	**（抽屜 2）**
創新者的兩難	（話題 1）
成功的反撲	（話題 2）

（作者注：以上皆為虛構）

關美食、工作職場的情報無法派上用場，這樣一來，情報有什麼意義呢？

關於這一點，人類的頭腦真的很棒。當記憶的容量達到上限，就自動整理不怎麼關心的情報，並從記憶中淘汰。

不過，能記憶的有限，就只好用一般的情報整理法來協助，還是需要有獨特性。

情報不要整理，直接擱著即可

比如閱讀報章雜誌時，對於在意的文章，我都直接撕下來。以前還會用剪刀或美工刀，最近覺得麻煩，用手撕下來即可，撕下來的紙直接放入塑膠袋。

這是從山根一真自創的山根式資料袋、野口悠紀雄的「超」整理法等等情報整理術，所得到的靈感，也是我多年實踐的方法。

塑膠袋可以用那種文具店在賣的Ａ４大小的透明資料袋，多準備幾個隨身攜帶，然後貼上寫有「領導力」等主題名稱的標籤貼紙。主題名稱與抽屜一樣差不多就行，沒必要把資料袋弄得太細或太多，意義並不大。然後，把從報章雜誌撕下來的紙張，或是隨手筆記、小抄、簡報或列印 Word 資料等等紙張，統統放進去。雖然我比較少將網路上蒐集的情報列印出來，倘若平時有這種習慣的人，也可以將這些紙本資料放進去。

資料的分類不需要太嚴謹，也沒有嚴格的規定。偶爾選一些有興趣的主題，準備一下資料袋放進去就好，就這麼簡單。比起「好好收著」或「放入袋子」的做法，其實只要「隨手塞進去」就好。對這些主題，也只需一點點問題意識或關心的範圍領域，這樣就行了。

之後擱著，等待時機成熟，屆時再重新檢視資料袋。到時候能派上用場的情報，就能進一步升級，集結成資料冊（這裡為了和資料袋區隔，因此稱為資料冊〔binder〕）放在書櫃上，成為有用的情報。有人會問，資料袋裡有用的情報集結成冊後，那剩下的沒用了？可以丟了嗎？也不是這樣的。分為二階段分類中的第一階段，就像資料庫一樣。

不論是資料袋或資料冊的使用方式，都與腦中抽屜裡的資料夾一樣。可以想成是腦中抽屜的擴充補強，不過，差在二者並沒有連結在一起罷了。

比如過一陣子，必須和企業層峰見面，又或是接受訪問，談論有關「領導力」的主題。倘若需要演講有關領導力的主題時，也可以派上用場。不過，在對話的當下或演講到一半，是沒有辦法在當場從腦中的抽屜去翻找出來的，這個部分就限定於需要事前準備好。

這時候的做法，可以先在腦中尋找有關的抽屜，把話題想出來後，再回想「記得好像有領導力的資料冊或資料袋」，然後去找出來打開看內容。

尤其是資料袋的內容，因為根本沒有整理過，只是將有興趣的情報直接撕下來塞進去而已，老實說，能用的並不多。但還是有一些具有參考價值的情報或話題在內。而資料冊的部分可能會好一些，情報的參考價值稍微高一點。

腦中的抽屜和資料袋、資料冊的主題標籤一定要一致，因為是同一時期由同一個人做的資料，要找出與腦中的抽屜的標題一樣的資料袋，相對來說，比較容易找得到。

時間能讓情報發酵熟成

把這些資料袋和二十個抽屜，想成跟紅酒一樣。

當然，不是要拿來喝的，只是比喻情報像紅酒一樣需要發酵熟成。所以，不論是腦中或資料袋的情報，基本上都擱著不管就好。如果在腦中標記（下標籤、做記號），可以當成假想的虛擬抽屜，也可以做成實際的資料袋，僅此而已。之後從意識中忘記它的存在，這樣就好。

倘若有一天有比較具體的目的，或有想做的主題時，可以在腦中或是資料袋中搜尋，了解相關情報的所在位置。

如果是我，常在找演講用的話題或是與別人聊天時，為了加深對方的印象並說服對方，常用到這些情報。不過，會用到的時機和情形，就分為許多種狀況。有時候會很明確知道自己要找什麼主題，有時候隱約記得好像有資料可以找找看。找著找著又突然想到，好像蒐集過「有關僕人領導的論文」資料，當找到那篇論文，就會想說「這應該可以派上用場」。

也有的情形是就像前述一樣，重新檢視資料袋的情報，若覺得能使用的，就做成資料冊放進書櫃。做成資料冊的情報，就像紅酒發酵熟成可以喝的時候（對自己而言）。有許多好的時機與方式可以應用情報，這就是發酵熟成的意思。結果有可能是過期不能喝（情報過時不能用）、正好喝的時候（情報資料剛好派上用場）、尚未完全發酵熟成還不能喝（目前用不到），而資料冊就像醒酒瓶一樣。

不過，要做成資料冊的標準，以我而言，是以對於部屬的工作是否有所幫助為主。最重要的，還是自己覺得有興趣的才行。

別小看這些感覺沒什麼的資料冊，或腦中的虛擬抽屜；儲存的這些情報不只是過往經驗，工作上若遇到問題，思考如何解決時，也或多或少可以派上用場。所以，這些情報扮演的角色，不只是談資而已。

當主管派一些工作上需要解決的課題給你時，為了找出解決方案，一定得更直接去調查或是學習才行。如果在思考如何才能讓工作朝更好的方向前進時，就需要新的創意點子。在思考新商業模式或新企畫時，會發現這些情報整理術、情報發酵熟成術，真的相當有幫助而且實用。

請看看周遭的人，你會發現人們說「那個人是點子王」的那些人，他們共同的特質，大多是腦中充滿各種虛擬抽屜的人。如何證明呢？因為他們不像一般人，努力找一大堆資料，也不會一直專注於同一件事，他們看起來就是輕輕鬆鬆就能想出許多不錯的點子。

我曾說過假說的重要，在建立假說的當下，靈光乍現也是很重要的因素之一。有時候看起來好像對工作沒什麼助益的情報，但只要發酵熟成之後，就可以產生極大的用處。

設計師奧山清行（按：國際上以 Ken Okuyama 為名）曾說過的話語，這是我看東京電台《寒武紀宮殿》（カンブリア宮殿）節目時發現的。他曾在義大利一流的汽車設計工房賓尼法利納（Pininfarina）擔任設計師，曾參與設計法拉利（Ferrari）旗艦款而著名。他曾說：「等工作來時再想設計，那就太晚了，到時候再怎麼想，也想不出什麼好點子。在下一個工作還沒來之前，就先想好備妥。工作一來，就可以立即運用。所以，盡可能在腦中想好各種點子塞滿抽屜，是很重要的。」

令我很訝異的是，我僅透過二十個抽屜思考，而他卻是要求自己，每天都必須想出一百個點子。

用右腦截取的景色

最重要的是，要充滿好奇心。身為管理顧問也好，行銷也好，或企畫也好，都需要有旺盛的好奇心。不只「因為是工作」，而是針對各種事物都抱著好奇心，然後區分情報優劣，把重要的和不怎麼重要的情報分開。

還要了解雜學的重要，懂得建立區分優劣情報的基準。只是大多都是無法理解，不過，這也是沒辦法的事，畢竟得看自己感不感興趣。

身為行銷，必須經常觀察注意周遭的變化，所以，不管是在電車車廂中、大街小巷，隨時都能獲取寶貴的重要情報。

「只是在腦中做記號」（下標籤），做起來輕鬆方便又有效果。最簡單的就是隨身攜帶道具，邊走邊記錄。

首先，可以用相機（或有照相功能的智慧型手機），最近許多人都會把照片上傳至社群網站，在各種大小活動的會場，都可以看到人們都拿著智慧型手機在拍照。

我也是如此，看到感興趣的事物，當場就用智慧型手機拍照下來，我走在大街上，常常用手機拍個不停。有時拍了電車車廂中的吊掛廣告，會放在自己的部落格介紹。例如：在店鋪前面看到有西瓜卡的促銷活動人偶，就把它拍下來，然後上傳部落格，記得還寫下「連在這種地方都可以使用電子錢包」的評語。

其實，原本拍照並不是為了上傳在部落格中才拍。只不過拿手機拍照當成記錄看到的情報，如同摘要一樣。因為手動拍照與儲存記憶有相同的效果。一邊活用 3C 產品就會發現，把照片存在電腦和把撕下來的紙本情報放入資料袋，有同樣的功能。雖然是用數位方式拍照，但是發想和拍攝的行為則是屬於類比（analog，相對於數位〔digital〕），這樣一來，數位和類比都派上用場。

之後當你查看這些自己拍的照片，就會發現自己到底對於哪些事物感興趣。

前述提到身為行銷，需要旺盛的好奇心，確實如此，因為他們什麼都想了解、想知道，總是吸收新知。但他們還是會以自己感興趣的為主，篩選所見所聞。

我不是以工作的角度拍照，而是以一個生活者的角度拍照。可是，之後我看自己拍攝的照片，卻發現我並不是單純以生活者的角度，而是從行銷或經營策略的角度拍攝（也就是說，我在潛意識中，有著問題意識）。

每個人都會受到自己感興趣的事物吸引，想到最初拿著數位相機走在大街上的情景，真的是看到什麼就拍什麼；之後漸漸讓自己的視線安定下來，如果不這麼做，就一直停在同一個點無法前進。若沒有篩選情報來拍攝的話，恐怕還得小心避免被車子撞到。

鎖定自己感興趣的範圍，到底是左腦還是右腦起的作用呢？

日常生活很明顯應該都由右腦決定，或許在工作職場上，大多都在左腦的邏輯決定。但是，我還是想建議，用右腦來做決定比較好。這並不是以看待工作的角度，而是在眾多選擇中可以持續下去的關鍵，應該是先鎖定自己有興趣的領域，我建議這樣比較好。這樣一來，或許比較能夠生成創意。

另一方面，也不會與市場或顧客脫節，同時也可將自己的生活融入其中，以培養用顧客觀點來看待事物。

再說，倘若用左腦來做決定和計畫，可能會跟其他人想的都差不多。如果想要有差異化的創意或與眾不同的點子，就應該由右腦來做決定與計畫。我認為，右腦才是創意的來源。

我想說：

「想不起來的創意，就不算是什麼好點子。」

「搜尋不到，只好作罷。」

以這樣來做區隔，不管是生活也好、工作也好，這樣的態度很重要。

不借用各種工具，也不必鉅細靡遺全都記住。對我而言，最重要的是如何用最有效的方式，將情報編成索引。

第四章

類比思考有助於創意的生成

為什麼傳統的類比勝於數位呢？

一九七九年左右，我最開始接觸電腦，當時，電腦還叫做微電腦（Microcomputer）。大學時代我主修電腦（按：東京大學電子工程系），後來又擔任ＩＴ產業的管理顧問，無論是ＩＴ產業或是數位產業，我很有自信，比一般人更有知識和經驗。

即使如此，我更執著於類比手法，我在類比發想的領域，鑽研超過二十年。

情報分為蒐集和分析、加工，以及上傳發布三階段，在各個階段中，可用數位和類比二種方法。

這裡所說的數位，指的是用電腦等數位產品處理情報。具體來說，就是透過網路或檔案資料庫搜尋、蒐集情報，再利用 Excel 或統計軟體做資料分析和加工，最後以做成簡報檔案並上傳到社群網站。

另外，類比指的是閱讀報章雜誌等等的紙本媒體、與人當面交談對話，或電話聊天等等，並不是透過數位方式所做的情報處理。具體來說，就是蒐集自己親眼看到、親耳聽到，

【圖表 4-1】 數位與類比交替使用

	數位	類比
蒐集	• 谷歌 • 商用資料庫等	• 自己的體驗 • 聽別人口述
分析和加工	• Excel、Word 等	• 自己動手做 （運用文具、資料夾等）
上傳或發布	• PowerPoint • 部落格、社群網站	• 直接對話聊天 • 電話 • 口頭簡報

這二種是最有效的類比法

藉由自己的手和腳得到的一手資料，或是親手寫成文章等等形式分析和加工；最後透過聊天對話、口頭簡報發布情報（如【圖表4－1】）。

我認為，想要生成創意，或說服別人，最好三階段全用類比為主，會比較好。

怎麼說呢？

電腦雖然在情報、創意、課題等資料整理，可以幫上忙。但是，電腦再怎麼好用，我們並無法就此想出好點子。大部分都是因為受限於時間，必須將創意轉化成提案，所以不得不借助數位工具。

倘若不能全程都用類比，那麼至少在哪個階段運用呢？加工和分析，可以全部依靠數位來進行。類比最好用於：

蒐集與發布的階段。其中，蒐集階段運用類比手法最恰當。

我並不是說，在蒐集情報的階段不能使用網路或數位工具。如同前述，我也會使用數位方式來搜尋。只不過很難期待從那些資料中，可以生成創意或靈感。即使一開始，或許是在網路搜尋資料網羅基本情報；但我建議，之後一定得再去跟比較熟悉相關資料或情報的人聊一聊、問問題，可以補強一些資料。

第一個原因是，愈靠類比方法獲得的情報，顯得愈獨特。如此一來，即使情報加工和分析稍嫌不足或略為弱勢，不過，光靠內容，就一定可以居於優勢。況且還有另一個好處，比起分析和加工，也更容易取得獨自的聯想。

第二個原因如同前述，上網利用簡短的關鍵字搜尋情報，很難靈光乍現。倘若在自己的腦中早已充滿了多的情報(放在虛擬抽屜中)，也浮現一些假說，那麼只要有新的情報進來，引起衝擊，常常能夠靈光乍現。相反地，如果原本腦中並沒有自己獨自情報或是假說聯想，就算有新的情報進來，也不會有任何靈光乍現。所以，只靠上網搜尋，並無法讓人孕育創意點子。

不論是管理顧問或媒體工作者、職場專家等等，熟練使用數位工具的人，我建議盡量運用類比方式，蒐集具有差異化觀點的情報，進而分析和發想。如此一來，即使原本的情報並不獨特，依然可以賦予很高的附加價值。

也有許多的情形，是善用數位工具蒐集和加工情報，再交由部屬或工作人員發表。不過，我很堅持用類比方式蒐集差異化的情報，可以想出獨特的創意，並發表與眾不同的簡報。

接下來，順便說一個過度依賴數位工具的壞處。

那就是「以為自己做完工作」症候群。搜尋一大堆資料、剪貼眾所周知的情報、整理成很棒的企畫書，這些都可以藉由數位工具來完成。不過，縱使簡報、企畫書做得再好、再漂亮，如果內容空洞，依舊無法說服人心、引起共鳴。然而，因為以數位工具為主進行並完成工作時，難免會產生一種錯覺，就是覺得自己「已經交出某種工作成果」。這樣不行，原因在於用這種過度倚賴數位工具的做法，反而會抑制甚至扼殺創意的生成。

就我而言，直到最後的階段，我都依然用類比方式進行。尤其是**面對企業經營者進行簡報時，所有階段都用類推方式，才能令人留下深刻印象，也最有效果。**即使無法全程使用類比方式，只會在最後的階段才用數位工具，做成簡報。

從一開始的情報蒐集到簡報，都只相信自己的感性，自由暢遊在感性之中，那就好了。因此，比起受限的數位工具，運用自由自在的類比手法，才是更好的方式。

我深信，沒有什麼是職場人非讀不可或非看不可的報章雜誌、書籍或電視節目。我認為，最好不受限於形式；因為愈是受限所得到的情報和發想，附加價值就愈低。讓感性帶領自己，目光所及之處隨意看看、想見的人就去見；最好不要規定什麼，隨意就好。

船長的嘴唇

接下來，介紹幾個用類比方式就能靈光乍現的方法。

一是閱讀報章雜誌和書籍等等，發現可以使用的例子。二是聽人說的話語之後，直接解釋或用自己的想法拿來用的例子。三是與人交談後靈光乍現的例子。此外，當然還有自己思考然後突然靈光乍現的例子，不過，這個例子等到後面再另做介紹。

首先，介紹第一個藉由閱讀而靈光乍現的例子。

很久以前，我曾經閱讀過生產迷你電腦的通用數碼（General Dynamics，GD）創辦人的自傳，其中，有一篇讓我受益良多的培育領導者方法論，描述一位船長培育新船長的育才之道。在航海途中，船長要如何培育接班人呢？倘若一直都是風平浪靜、行駛平穩，怎能培育具有實力的船長呢？只有在暴風雨中，將船舵交給有實力的接班人，讓他親身經歷可能擱淺或觸礁的危險，才能藉此成長等等的敘述。

其中，最有趣的是，暴風雨中將船舵交給接班人掌舵時，船長因為情形太危急而看不下去，忍不住說：「你這樣不行，要像我這樣做才行！」「你閃一邊，讓我來！」書上寫道，如果真心想培育新船長或新水手，正確的做法，應該是現任船長或指導者在一旁緊閉嘴唇、忍住不說、靜靜守候。

原來如此。只不過，在那樣危急的情形之下，如果完全不插手交由新手掌舵，極有可能會造成船難。如果不讓新手實際去經歷這些困難，就無法讓他真正成長。也許有人會問現任船長：「到底你要忍到什麼程度，才出手相救呢？」

我從中學會的道理，就是育才時，對於發生某種程度的失敗，身為教練的培育者必須睜一隻眼、閉一隻眼。換句話說，要求的並不是新手領導者的責任或能力，而是培育者的氣度。

這個例子說明，企業經營者為了培育接班人的心境。談到優秀的主管為什麼無法培育部屬的話題時，我常常引用前述「船長的嘴唇」故事。這也是由平時對於如何做才能培育新領導者，或是相反的怎麼做就無法培育新領導者的話題，而產生的問題意識。聽了過去許多的企業經營者培育新領導者的成功和失敗的經驗談之後，所產生的靈光乍現。

這就是貼著「船長的嘴唇」標籤的領導者抽屜中，收藏的內容之一。

並列列舉

第二個是當聽著別人談話時，可以同時獲得類似的話題。有時是從交談對話中，有時則是演講中都能夠獲得。

以前在韓國首爾曾舉辦日本行銷協會的高階主管研討會中，神戶大學的加護野忠教授講過一個「並列列舉」的話題，讓我印象很深刻。

教授舉例：打棒球時，教練對接下來登場的打者說：「今天投手的直球球速會很快，曲線球弧度會很大，噴射球球速也會很急，要多注意。」對打者而言，這樣的建議根本沒有意義、幫不上忙；對打者的擊球計畫，也完全沒有任何助益。

這就是沒有想清楚，所以才會這個、那個都拿出來，說一堆沒用的話語。他也把這種教練稱為「並列列舉型教練」。

有別於並列列舉型教練的是策略型教練，會直接給予具體的擊球建議，例如：「直球球速太快了，直接放棄，只要對準變化球擊出就好。」把不需要或必須捨棄的建議，直接說給打者聽；我也滿贊同這一點。

類似同樣的話語，波士頓顧問公司的前輩島田隆，也曾在我進公司時對我說：「策略就是一種斷、捨、離。」簡潔點出策略的要義，讓我印象很深刻。原本好像是美國某位偉人所說的話語；但對我而言，只記得這是島田前輩說過的話語。

對管理顧問而言，所謂策略，可以輕描淡寫，也可以侃侃而談。新策略、新提案，是每個人都能想出來的。對企業而言，卻很難取捨；有時考慮決定不做了（對事業、商品、工作的方式、客戶、研發……），下決定真的很困難。記得當時的我，因為對任何的情報分析、或想出新點子都很拿手，對於這句話只覺得很新鮮，同時也滿佩服的。

企業經營者有別於只在一旁建議的管理顧問，必須斷、捨、離，真的比較困難。畢竟對於經營者來說，對這些事業與商品，相較之下比別人投入更多的感情。或是做決定時，總會浮現相關人員的臉龐，而變得難以做決斷。

加護野教授的這番話，單獨來看也讓人覺得是另類思考，滿有趣的，而且也能用於策略案例說明。

所以，我把這個「並列列舉」的話題，放在加護野教授相關的虛擬抽屜中。

像這樣聽了某些人的話語之後，一旦覺得有趣時，就先在腦中做記號，再來考慮「這個話題何時可以拿出來用？」或「有什麼話題是跟這個話題是一樣的？」

威脅型人才

第三個方法，是在與人交談後產生靈感；不過，前提條件是自己必須先有問題意識。因為不大可能會有人為了讓對方產生靈光乍現而談話，一般人只因為自己想說才會說話。

接下來舉例說明。

前一陣子我與朋友聊天時，談到足球選手類型和企業人才的相關話題。順道一提，我非常喜愛足球，熱愛的程度甚至加入日本甲組職業足球聯賽（J1）球隊清水心跳隊（Shimizu S-Pulse）的球迷團。

日本的足球國家代表隊的進攻方式，通常是慢慢進攻到對方的球門前，最後再臨門一腳射門的傳球方式居多。為什麼是這種方式呢？這是因為大部分都是這種教法。

這種傳球方式的特徵，是我方所有隊員都有默契知道「要把球傳給誰？將做什麼動作？」具體來說，只要是我方球員，都清楚知道球要往哪裡傳。以工作來說，就是已預知接下來的步驟要做什麼。所以說，大家都為下一個步驟預做準備，這麼一來，做起事也輕鬆，也能減少錯誤。

另一方面，這個方式最大缺點在於，容易遭敵方看穿下一步，使敵方比較容易防守，不利於最後我方射門得分。我方行動確實又可期，沒有什麼意外之舉。

與這型相反的，稱之為「威脅型」。這種傳球方式倘若用得好，不但可以立即逆轉局勢，還可以直接攻進球門得分。不過，如果用得不好而失敗，遭敵隊奪走球，那可就相當不妙了。由於仍然維持攻擊的傳球隊型，尚未切換為防守的隊型，要直接立即防守敵隊的攻擊，會顯得相當困難。

威脅型隊員最大的問題在於，不容易傳球給隊友。即使傳球出去，隊友也難以預測下一個動作是什麼，導致隊友也不知該如何配合。曾活躍於義大利的前日本國家足球隊明星球員中田英壽（按：日本足球國家隊的王牌球員，二〇〇六年從足壇引退），就是這個類型的球員。

在企業中觀察，發現偶有這種類型的人才。單憑自己企畫大案子、推出超人氣商品等；不徵求他人的意見，全憑自己的意思進行。幸運的話，會有大收穫，但失敗風險也很高。在一般的組織裡，這種我行我素的員工經常惹人厭。

可以這樣說：「搞不好周遭那些自以為是、惹人厭的獨行俠同事，或許就和中田英壽同類型，是屬於威脅型人才。公司也正因為不會活用這種人才，導致了無新意，這也不足為奇。」

像這樣原本是在聊足球的話題，話鋒一轉，就能變成聊活用企業人才的話題。或許主要還是因為對於足球和企業經營都有興趣，才能這樣轉換自如。

這個話題延伸下去，可以這樣說。如果一個球隊所有隊員都是威脅型人才，那也很困擾。基本上，隊中有一、二位是威脅型球員，是最理想的團隊，才有辦法持續下去。

把別人當成石蕊試紙培養創意

接下來，談談該怎麼做，才能孕育創意？

當有粗略的創意點子浮現腦海時，最好先找人聊一聊。「我想到這個，你覺得如何？」即使自己腦中還沒整理過一遍，只是初萌的想法，根本都尚未成形，那也沒有關係。很直接找人聊一聊，看看對方的反應如何。

首先，無論對方是誰都行，只要聽完之後，可以毫不隱瞞直率回應的人就好。最開始可以找家人、朋友、同事聊一聊。對方回應：

「感覺滿有趣的！」

「不大理解……」

「這部分有些不大懂……」

藉由回饋，磨練自己的創意，也能早知道行不通的點子。搞不好，還能靈光乍現也說不一定。這樣的靈光乍現，有可能發生在自己或是別人身上，或是在二人身上同時發生。

「轟！」噴出的瞬間，就是創意的生成。只要經歷過這樣的瞬間之後，是會讓人上癮的。可以感受到難以言喻的快感，是領悟靈感爆發的瞬間。

第一章曾介紹過靈光乍現的事例，有自己一個人的靈光乍現，也有與人談話後的靈光乍現。一般而言，最為常見的靈光乍現，是發生在與好朋友或是客戶們聊天討論的時候。

因此就我而言，不管三七二十一，萌芽的創意一定會找人聊一聊。

如果這個點子與部屬的工作有關，那麼在會議中，我會找剛好坐在我旁邊的人聊一聊。有時也會和一起做這個專案的夥伴們談一談，甚至有時候是跟完全沒關係的人問一問，依照當下不同的狀況與不同人聊天。

在這個階段，並不期待特定的回應，只要隨意找人聊一聊、問一問就好。其實找誰都可以，只是想看對方的反應而已，不需要找特定的對象。

這個過程，我常以「找人當石蕊試紙」形容。

因為一般人會對他人的言語行為，或多或少都會有反應，可能是情緒上喜怒哀樂的表現，也可能是下意識點點頭贊同，或出聲反駁也說不一定。

所以說，創意生成在萌芽階段，找誰聊一聊都行，倘若需要有相關領域業界的背景知識，只要再追加一些希望條件就行。如果不需要專業知識、屬於較為簡單易懂的創意，可以找家人、朋友就好，因為他們不會有所顧忌而隱藏內心真正的想法，是很好的石蕊試紙。

如此一來，就能降低失敗的風險。

知道「行」或「不行」，不僅僅是評判整體而已，就連「究竟什麼地方好？什麼地方不好？」也要一起判斷。

當然，誰覺得「行」或「不行」這些也都是情報，這也意味著，跟愈多人聊愈好。就像一款商品的服務客群愈多愈好，是相同的意思。

如此這般，慢慢孕育創意點子，然後又再次進入把他人當成石蕊試紙的階段。當自己腦中整理出一個創意點子的雛型，或想將創意點子轉成企畫架構，而想要驗證內容的時候都行。

將創意具體化的時候，可以不用在意對方的立場和職位。只有一點必須注意，那就是要問一般有常識的人，才會比較可靠安全。對方最好不是思想偏頗、過於保守或前衛的極端者，要的是一般人的正常判斷就好。

更進一步說，重點在於創意點子的培育方法，是否能經得起討論。在孕育創意點子時，能不能有一起討論的對象，是同時或不同時都無所謂，主要是要看看那些人對這個創意的反應如何？而多數人在一起對話討論，應該是最具效果的了。

通常要以實際的企畫簡報或實行計畫去請教別人，除非是相關專案的成員，不然一般人都會覺得很麻煩而不大願意；所以，必須換個方式，以一種只是徵詢意見的方式閒聊。

相較於「我經過審慎研究之後，得出了這個結論，並不是很有自信，想聽聽你的意見。」的問法，換為「我是這樣想的，你要不要聽聽看？」的問法，可能較能讓對方覺得「聽一下也無妨」。

此外，在實際與對方討論之前，也要能自問自答，這是孕育點子的關鍵。在生成創意時，可以有另一個不同的角度。

以我為例，內人常常跟我說：「如果我聽不懂，其他人應該也聽不懂。你說的話如果能讓我聽懂，我相信大部分的人應該也都會懂。」

順帶一提，她覺得自己是最普通的一般人，所以，對我而言，她的意見有很大的幫助；如果她說聽不懂，我就會修正內容或調整說明的方式，也能練習如何帶入話題。而且在此之前，讓人覺得難懂的創意點子，大概就不是什麼好的創意點子。以她的反應為判斷依據，她的反應對我來說，是很好的「石蕊試紙」。

另外，在公司我還特地選了一個「石蕊試紙」，是與我的觀點相左、有個人想法的人，嚴肅討論、認真吵架，藉此琢磨更好的創意內容。

此外，想要精煉創意，如果能找到對自己毫不留情的人討論，藉由對方嚴厲的態度檢視自己的點子。也可以找專家檢視，藉此讓缺點或壞處浮現，這也是驗證是否能真正解決問題的好方法。

建議平時能就先找好能詢問的對象，當靈光乍現時就能一起討論。我就有這麼一位對象，他對事物的看法、觀念經常與眾不同，所以經常有些啟發思考的見解。有時他像觸媒一樣，談話之間常常讓我靈光乍現。我時常在創意萌芽時，找他交談。所以，必須要先找好這樣的一個對象才好。

一個人也能靈光乍現的方法

當然，一個人默默思考也很重要；我也常常一個人想事情。這時在腦中的思考呈現畫面，就像在腦中翻箱倒櫃一樣，找尋所需要的工具。就像是想要用扳手，在工具箱翻找一樣。

當顧客提出希望能「思考子公司的策略」，或「有這項新事業構想，希望幫忙驗證可不可行」，這時就必須在腦中搜尋一下，是否擁有相關的情報和知識。像是在系統鍵入關鍵字，或是現實生活中的書櫃或抽屜，按照順序仔細找一遍。

在腦中翻箱倒櫃，主要希望能找到新點子、或是解決問題的方案。看看有沒有什麼線索，或是有哪些工具可用，才會在腦裡翻箱倒櫃。好比在書櫃架上找書一樣，這本不是、那本也不是，隨便抽出來翻找，不是的就先亂扔擲在地上，腦中的虛擬抽屜就不用這麼麻煩。

腦中的關鍵字搜尋，比較類似上網搜尋。不過，如果真想孕育點子，或想精煉某個創意，用這種上網搜尋的方式恐怕做不到。再次重申，**千萬不要期待網路上的搜尋可以得到創**

意。

在房間走來走去「看看有沒有什麼東西」、「記得好像放在這」，臉靠近書櫃，突然間「啊！對！就是這個」，其實在找到這個東西之前，根本不是很清楚自己到底想找什麼。但還是找到了。

這樣的瞬間，就叫做靈光乍現。

剛剛介紹在房間走來走去找東西，或翻箱倒櫃找工具的畫面，並非浮現在我腦中的，而是我試著在腦中翻找記憶時，才說出這樣的介紹。

進一步試著把想到什麼，或別的什麼組合在一起。或是自然而然讓這些組合放在一起，「那個流行應該可用這個來解釋說明吧？」「這個跟那個，不就是同一個嗎？」「就是這個跟那個才會變成這樣的」，說起來呢，這些都是靈光乍現的連鎖反應，是快要靈光乍現的前兆。

這些組合中，有的是接到的課題，有的是想解決的問題。這些問題意識與抽屜中的內容產生激盪，抽屜中的內容資料，會與關鍵字眼相互連結產生自己想要的成果。有時統計資料的分析和現實社會中的觀察情報，會有重複的情形發生。

想解開的課題之中，有不少是用舊的案例或現象來說明，有些是特地做說明的，也有滿多是自然而然想到的，和活用前述的類推（舉出類似事例）。

比如智慧型手機的空機（按：不綁售通話費方案的手機機身）價格，是在日本在總務省的指導之下才提高的。以前的二Ｇ手機時代，行動電話空機都是「一日圓手機」，空機價格非常便宜。最開始辦理行動電話的費用非常便宜，之後再利用綁約的方式，按年或按月扣除。為了要說明，為什麼手機空機價格這麼便宜？舉一個相近的例子；這時腦中浮現的例子，就是印表機。一般的電腦或筆電列印用的印表機，功能相當好的頂多一萬日圓就可以買得到了。可是印表機的耗材墨水卻不便宜，如果使用頻率高一點，大概一年左右墨水的費用，就可能超過印表機本身的價格了。

影印機也是相同的情況，這些都是耗材維修的費用比機台的費用來得高。與印表機有所不同，手機的情況是把耗材的部分變成通話費率。但都有著相同的商業模式就是先將商品低價的銷售，然後再利用後續的附加費用來增加銷售。

電梯也是如此，與架設電梯的初期費用相較之下，之後的維修費用才是重點。因此，許多大企業為了維修契約不讓其他業者搶走，無不絞盡腦汁落實網路化之外，還積極與集團企業簽訂維修合約。

熟悉過去的案例，面對目前發生的新的事例，就會發現「其實跟以前的情形很像」。

最近常在報紙的傳單或電車廂內的廣告，看到宣傳「最開始幾次都是免費試用」這種新商業模式。美容護膚和英語會話補習班，也都採這個方式。最初的四、五次是免費，或許會覺得這樣做是否吃虧；不過，實際上這卻是可行的策略。以「降低初期費用」吸引客戶，接著再利用繼續收取後續費用來賺錢；這個策略與行動電話、影印機、電梯，都是同一個商業模式。

迪亞哥（DeAGOSTINI）是義大利的經典收藏雜誌社，除了雜誌以外，也出版ＣＤ及ＤＶＤ等全集。在日本還發售過模型書的全套系列，第一本通常都採用價格低廉的方式銷售，比如說，第一本只賣二九〇日圓，第二本才恢復原價一五〇〇日圓。

實際上，以最長的全套系列為例，幾乎沒有人從第一本到最後一本都買，這件事在網路上也引起了討論話題。不過，如何能做到不產生虧損的銷售呢？那是因為該公司從多次的銷售經驗中，了解並掌握情況，知道從第一本到第五十本全套系列的銷售過程中，顧客購買率會逐漸遞減。「第一本大概會銷售多少？第二本、第三本又是多少？」都能正確估算出來，不會多印刷，也不會多採購。所以就算沒有人繼續購買，也能估算出利潤多少。

在網路世界中，最近也注意到「免費增值模式（freemium model）」逐漸普及，免費增值是指基本的服務以免費的方式提供，需要更高階或特別的功能，才額外加收費用的商業模式。

Evernote、Dropbox、Gmail、iCloud 等等，都是同樣的商業模式。大多數的人都是使用免費的部分，只有少數人因為自身需求額外付費，但這也形成另一種商業模式。

以 Dropbox 為例，以前有三 GB 是免費，如果有介紹朋友使用，使用容量可以再增加一些。因為可以免費使用，所以容易自然而然照一堆相片，然後將照片與朋友共享。漸漸地，照片儲存的雲端容量就變得不足了，導致付費使用的人也就增多了。

智慧型手機也一樣，不管學生或社會人士都玩免費的手遊。只有少部分的人，為了能更快晉級或是買點數才需要付費加值。像超人氣手遊「寶可夢」（Pokémon）就是這種情形。像這種的網路服務商業銷售世界裡，只要一百人中有二、三個人付費使用，商機就能成立。

降低初期費用的商業模式一旦系統建立完成，就很少需要追加成本，所以網路服務商業銷售就算形成了，實體店面卻不能如此。

試想若是一般蕎麥麵店，在一百人位客人中，只向二、三人收費，根本沒辦法維持生意。這樣的想法或情報，可以輕易地從腦中的抽屜或資料袋檔案中取出來。就能暢談「營養食品和化妝品，為什麼不計成本發送贈品試用呢？」「為什麼網路世界，有那麼多是免費的呢？」等話題。不但可以從以前聊到最近的例子，還能做「先虧一點，之後賺更多」的概念說明。這樣的情報靈光乍現，不僅能當成話題說明的工具，也能參考以前的例子，想出新的商業模式。

要逐一記憶這些商業模式，可能會覺得有些困難，其實只需要記住「印表機和電梯的商業模式一樣」的標題就行了。或是畫一張這種商業模式的架構圖放入資料袋檔案中，那是最好不過了。

只要能有一絲牽連，能串連這些零碎的情報就行。只要發生一次靈光乍現，就可能將「先虧一點，之後賺更多」的標題放入資料夾。如果對自己的工作很重要，可能就直接放進腦中的虛擬抽屜。

用類比方式比較易懂

接下來，再介紹另一個用類比（類推）可以靈光乍現的案例。

我曾在二〇〇〇年初，在《企業經營》（『企業経営』）中，寫過一篇〈電子商務的本質是消費者主權主義〉的文章。

提到當時由於網路的普及，造成最大的改變的是什麼。這就是所謂的問題意識。意識到網路的本質，在於消除取得資訊（情報）的落差。為什麼我會這麼說？現在只要上網，任何人都能輕易搜尋到資訊，改變以往資訊僅能由政府、大企業、大學等擁有權利或權威的組織取得，一般大眾、消費者、中小企業無法輕易取得資訊。

在網路尚未普及之前，大企業要與海外企業交易時，多半透過有往來的商社、銀行或徵信調查，才能了解「市場規模究竟有多大？市場結構又是如何？」另一方面，個人或中小企業想直接與海外企業接觸交易，根本難如登天。不知道「請誰幫忙？如何保持聯絡？」整個過程所花費的成本，更是一筆龐大的開銷。

但是，自從網路普及之後，消費者個人或中小企業，可上網搜尋谷歌、雅虎等引擎網站，只要懂英語等等條件，就能知道「美國有哪些企業？業績如何？經營方式如何？評價如何？」等等，都能免費輕鬆取得，縮小資訊落差。

所謂的消費者主權主義，意味著情報活動的主角由以往的政府、大企業，轉移至消費者個人與中小企業身上。

當時我類比網路的本質，雖然現在已經眾所皆知。這個想法在那時還算是相當先進，因此覺得舉例說明，比較能讓人聽懂。所以說，類比很重要。那時我想到的例子就是法國大革命，在此之前，財富和權利集中在皇族、貴族和教皇身上；法國大革命發生之後，人民得到財富和權利。藉此說明網路的普及，從原本掌握情報的政府、企業，轉到一般市民和中小企業上，可說是資訊革命。就像這樣舉例說明，以淺顯易懂的方式讓人聽懂。

因為主權轉移到消費者身上，也造成商業模式的轉變。影響所及，也明顯改變企業所處的位置。一直以來，企業是位於價值鏈的上游，經由通路，傳給位於下游的消費者。從行銷4P（產品〔product〕、價格〔price〕、地點〔place〕、促銷〔promotion〕）的全盛時期，大企業身為供應鏈的管理者，將商品有效率地從上游流向下游。然而，位置突然改變，成為消費者在上游、大企業在下游，朝著典範轉移的方向進行。回顧歷史，法國大革命也是典範轉移的最終結果。「世界上的事物如何轉變？」這是我將過去的事例放在腦海中的思考所得。

經過將近二十年，最近又有些不同。曾經有一度，消費者和大企業之間的情報落差縮短，只可惜以不同的型態，又產生新問題。前述GAFA（谷歌、亞馬遜、臉書、蘋果）等科技巨頭，自行蒐集顧客個資並且進行商業活動。

如果蒐集顧客個資，對於公司經營有利益可圖還算事小，哪知道他們轉賣個資給其他公司牟利，或看看能否用於其他商業用途。這種舉動引起民眾和消費者的反感。因此在歐盟（EU）制定「一般個資保護規則」（General Data Protection Regulation，GDPR），用於保護一般市民、消費者。

GAFA都屬於美國大企業，對於歐洲人而言，「絕不容許自己的個資遭到美國企業蒐集之後，拿來當成賺錢的工具。」所以，歐盟對於個資的保護採取相當積極的態度。

在美國，原本對於利用消費者的個資問題，並沒有像歐盟那麼嚴謹，採取比較寬鬆的政策，但也逐漸引起民眾和消費者的反感。比如人臉辨識，在美國的機場為了防止恐怖分子攻擊，導入人工智慧（Artificial Intelligence，AI）的人臉辨識系統，也有人提議，用於一般大眾運輸交通工具上。但是，舊金山議會明訂條例，禁止大眾運輸交通工具上使用人臉辨識系統。

會變成這樣的原因之一，是受到了中國的影響。在中國，由國家監控管理人民的個資，大規模導入人臉辨識系統，用於壓制少數民族的獨立運動並監控國民。這個情形逐漸讓人知道，倘若這種形情擴至全球，現實社會很可能會變成反烏托邦、極權政府的世界，這也是先進國家之間共同擔憂的問題。

二〇一三年，日本ＪＲ東日本公司將西瓜卡搭載的個資，轉賣給日立（Hitachi）引起騷動。ＪＲ東日本澄清，他們並沒有將與辨識身分相關的個資外洩。或許以專家的見解來看，並未觸及個資的外洩，但是已經引發網路和媒體的批評。

在日本，「顧客的資料等於隱私」，只要牽涉到顧客資料的使用或販售個資，都會引起消費者的過度反應。因此，對於利用個資，日本的企業多半消極以對，和其他國家並不一致。在日本，尚未聽說過有企業以出售顧客個資牟利的事情。

標題是閃過腦海的方式

我認為，愈想記住情報，反而愈容易忘記；所以說，就算記住也沒什麼用。而且努力整理一堆情報，到最後可能派不上用場，花時間整理也沒什麼用。

不過，話說回來，如果什麼都不做，有可能什麼都不留，一切就結束了。

也不是就這樣就算了，之前有提過覺得在意的情報，可以用一些方法「做記號」，幾次下來，這些情報就會被自然而然當成是重要的、有興趣的資訊而存在腦中，或是有時立刻被拿來使用。

程度強的「記號」，像一道印象閃過，只要閃過一次，至少那一段時間都不會忘記。

比如搭計程車時，聽說會經過大排長龍的拉麵店，即使如此，也不大可能臨時變更行程特地過去。如果不是特別喜歡吃拉麵，大概不會記住這些，應該一下子就忘了。不過，某一天自己開車經過那裡，看到了大排長龍的拉麵店。由於印象太深刻，在腦中閃過那家原本沒什麼興趣的拉麵店，回到家可能會向家人提起，所以或多或少記住了。

如果這些情報是與工作有關，單單上述的做法，無法變成獨特而有價值的情報。必須親自排隊、試吃，並且跟一起排隊的人聊一聊。如果可以，不妨和店長聊一聊，以取得獨家消息情報。

每天通勤途中，有時候會牢牢記住某幾家商店或某些地標；有些則是不管經過幾次，還是「有看沒有到」，根本不記得有哪些商店或地標。還有經常發生那種從前面經過幾千次的「手工藝店」，卻從未發現有這家店的存在。

不過，一旦從某一天開始，意識到有這麼一家店的存在，意思就是在腦中做索引之後，從此就會記住這家手工藝店。可能基於某種原因，與手工藝店扯上話題關係。有可能是太太去那家手工藝店購物，或兒子喜歡手工藝店老闆的女兒，有各種可能。不管如何，肯定有某種原因，才會記住手工藝店的存在。

在日常生活中，如果能夠自然而然將這種在腦中做標記的作業融入工作，最起碼抱著些微的問題意識也好，對於你所擁有的情報，或多或少會有不同見解，對工作會有幫助。而且觸動靈感、靈光乍現、生成創意的機率，也會相對提高許多。

問題意識用標題呈現

還想強調另一點比較重要的，就是腦中抽屜裡資料夾的主題。為什麼很重要？畢竟要從一堆話題中，想起到底是哪一個？要做索引也很難。最好取個像前面提的「印表機租賃與電梯公司一樣」或是「西洋棋的名人」等，容易引起興趣的標題是最好的。因為愈是有特色的標題愈容易想起來，也愈容易留意它。

推薦一個方法，就是記一些不是單字片語的文章，或是挑有特定訊息含意的單字片語。比如「一一九二年建立好國家鎌倉幕府」，採取日語諧音「一一九二＝iikuni＝好國家」的意思一樣（最近好像改成「一一八五年做個好箱子鎌倉幕府」的諧音「一一八五＝iihako＝好箱子」了）。

取像「嗯，那個叫什麼？我想起來了」，那種容易讓人回想起來的標題才好。比如「個人電腦（ＰＣ）」→「Windows 相關」→「Excel 的新用法」這樣的標題不大能吸睛；用 PC-1、PC-2、PC-3 也是一樣無趣。

請再看一次【圖表 3－2】），這是我腦中虛擬抽屜收藏的資料夾標題清單，其中有不錯的，也有極為普通的。

稍微動一下腦筋，想個容易讓自己注意的標題，除了比較好記，和別人聊天談話時，也比較能引起別人的興趣。其實，腦中在想標題的時候，同時也正進行著製作索引的作業。

比如【圖表 3－2】）創新的抽屜中的「海底的百威啤酒（Budweiser）」資料夾，乍看可能搞不清楚和創新有什麼關係？沒辦法聯想在一起。但只要聽過一次，想必一定會在腦中做記號，隨時隨地都能想起來「海底的百威啤酒」這樣的標題。

不過，這並非由我自創，是第三章提到《典範》書中所提到的例子，作者喬爾・巴克在一場關於典範話題的演講會後，有一位年輕人找他談話：

那個人說他非常喜歡潛水，為了觀賞魚群，特地到邁阿密海灘外海三十至五十公尺水深的海底去潛水。那處海域經常有私人豪華遊艇在那邊行駛，常把一堆垃圾丟到海裡，尤其是啤酒空罐。所以當他在水深五十公尺處，發現了紅色的百威啤酒空罐很醒目地沉在那裡時，他覺得相當不可思議……。

（摘自《典範》日文版『パラダイムの魔力』，喬爾・巴克著，頁一二〇至一二一，日經ＢＰ社）

為什麼覺得很不可思議呢？因為水深五十公尺下的世界，絕對看不到紅色。潛水至深海，基本上所有顏色看起來應該都是青綠色，為什麼可以看到不應該存在的紅色呢？正因為記憶中記住百威啤酒瓶身「真正的設計」。

這個例子告訴我們，如果一直執著於自己的想法或常識，反而會忽略接觸其他的情報或資訊，依然按照自己認為的方式操作。同時也能解釋，為什麼人一旦受限於某種典範行為，就很難再去理解或建立新典範、生成創意和尋求創新。

無法預測打不中的一拳

接下來，談一談「孩子們在家也使用行動電話」的情形。在行動電話剛上市時，一般的常識就是外出或移動中才會使用行動電話，在家就會用市內電話（市話）。

當然這也牽涉到通話費的問題，所以，在家時使用的優先順序，通常都先使用市話。對於沒有這種先入為主觀念的年輕人（孩子們），在家與朋友聊天也都直接用手機通話，即使打開家中個人電腦就能使用免費的電郵聯絡，他們卻還是用行動電話聯絡，這點讓我覺得很不可思議。然而，不久之後，大人也跟孩子們一樣。

這樣的情形做為情報固然相當重要，只是要當成與人聊天的談資，最重要的還是需要經過驗證才行。哪些是可以拿來當成話題，哪些又是可以拿出來說。如果有機會，一定要早一點拿出來試一試。

為什麼這麼說呢？因為倘若不趕快拿出來試用，可能轉眼之間就忘了，無法確定實際上哪些可以用、哪些不能用。快一點試試看，還可以看對方的反應，加以修正改進。

其實搞笑藝人的哏（笑點、丟包袱）也像這樣，不好笑的哏，記再多也沒有意義。比如前面提到關於手機和市話的事情，以前把這件事當成談資，大家都感同身受；現在早就見怪不怪。

即使是自己覺得很有趣的、有說服力的話題，如果不能引起對方的共鳴，說再多也沒有意義，所以必須先確認看看。

有時可能會有意想不到效果，有時也可能會遇到雞同鴨講。反應因人而異，多換不同的人來試試看。甚至有可能覺得「這個不行」，就把它直接丟垃圾桶。

我常跟年輕的管理顧問說：「倘若拳擊的刺拳沒有真的打中，根本就沒辦法測出效果。」刺拳指的是拳擊裡，比較弱一點的擊法；直拳與上鉤拳可以痛擊對手，所以為了打倒對手會用盡全力，若能順利擊中對手就可能獲勝；若沒擊中，反被對手反擊，會造成極大傷害。而為了抓住直拳或上鉤拳出擊的時間點，會先以刺拳來刺探對手的出拳套路。

但是，刺拳如果一直都無法有效的擊在對手身上時，也就無法得知對手的套路，以及必須擊出多少威力才行。自己認為擊出的威力很大，對手卻不以為然，覺得像蚊子叮咬的程度而已也說不定，也可能一拳就把對手打趴在地。

所以，「與其出拳之前想東想西，不如一拳打出去試試看。」「如果因此失敗受傷，下次就能記取教訓，調整之後再出拳就好。」

右腦的連鎖反應就是靈光乍現

說實話，要詳細說明何謂靈光乍現，真的非常困難。搞不好每個人都有自己的一套方法生成創意。我又是如何產生靈感呢？我通常按照自己的方式持續觀察有興趣的事物，這部分比較難理解，可以先略過。

接著請看【圖表4－2】，可以稱現象、情報、話題等等。在某一個情報（這裡稱為情報①）加上A索引（抽屜的主題），有時會同時放入多個抽屜中。也就是說，同一個情報有可能同時標有A或B二個索引。這二個索引顯示著「領導力」和「典範轉移」的問題意識。如果把索引比喻成帽子，這個情報①，戴了A和B二頂帽子。

然後，我再接上另一個情報②，藉由A的問題意識與原本的情報①，產生靈光乍現的連鎖反應。其實不只這樣，由於原本的情報①，還可能有C至X的索引，總之，藉由問題意識來認識這個情報。

接下來，又接觸到新情報③，雖然並沒有與A或B的索引有連結，但情報③卻刺激了

【圖表 4-2】 情報與索引

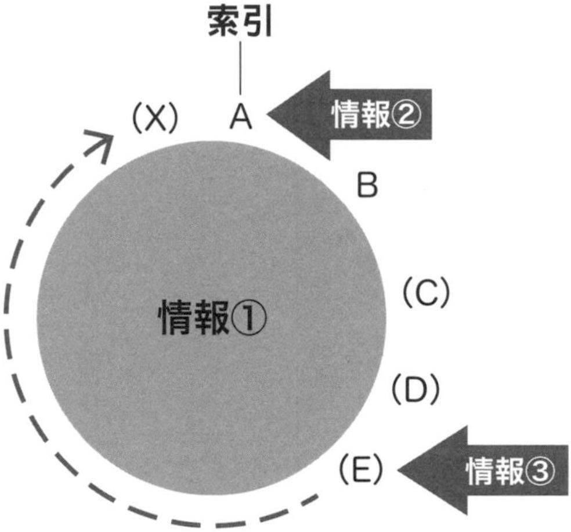

情報①，進而產生意想不到的狀況。情報③喚醒潛藏在情報①中的索引，比如「商業模式」。

腦中虛擬抽屜的好處在於，情報並非只跟特定的索引連結，它可以自由連結許多索引。比如：雖然情報①與Ａ索引連結在一起很重要，但一味排除Ａ以外的想法或方式，如果只依循固定模式，情報就會變成非常無趣。

比較好的做法，應該是當有其他的問題意識時，想說這個情報「搞不好也能這樣解釋，而且還能變成完全不同的一件事」，如此一來，情報的價值變得更加廣泛。

這部分就用第一章介紹過的遊戲機任天

堂Wii和索尼PS，以及智慧型手機為例說明。當初在我的腦中，這個例子的話題是「創新者的兩難」和「成功的反撲」，放在「創新」的抽屜中。還從「付費遊戲？免費遊戲？」或「桌機型？手機型？」的觀點出發，分別放入「商業模式」的抽屜中。也就是說，其實只為創新和商業模式，下標籤做成這二個索引而已。

不過，想到便利超商、超市、藥妝店等競爭案例時，發現到這可以做為講述以製造紙牌、撲克牌起家的遊戲機大廠（任天堂），和電機製造商暨智慧型手機製造商（索尼）之間的「跨界格鬥技」話題。

跨界格鬥技的話題，在二〇一九年我將它放入索引名稱為「賽局變化」（按：在本書中指的是某個產業的競爭規則發生變化）的資料夾。由於情報的連鎖反應，讓我將只要有關遊戲的話題，從「創新」、「商業模式」和「賽局變化」的話題切入，也會將不同的抽屜連結成連鎖反應以幫助記憶。

這樣的靈感連鎖反應，通常都是在無意識中發生的，有時可以有靈光乍現或好的創意點子產生。

這也明顯看得出來，是右腦的連鎖反應。

這種情形的靈光乍現，除了可以藉著眾多的交談對話來產生，有不少的創意，是藉由一個人單獨思考、藉由腦力激盪所生成。其中最令人驚喜的，就是不經意聽到一句話，意外引發一連串連鎖反應的瞬間。

而且，這樣的靈光乍現可能同時發生在彼此身上。有時候，我會隨著對方自然而然的反應而靈光乍現，對方也有可能因我起的頭，生成他自己的創意。

最重要的，並不是日常生活中儲存的情報，而是如何做到能自由發揮聯想。不論是索引或連結，差不多就可以了。在工作的最後階段，為了整理、分析和加工情報等，在某些程度上必須有些決定才得以進行。也必須要有範圍的設限，只是不能把範圍設限太嚴格，不然會讓聯想受限。

然而，在初期的階段可以讓情報自由發揮聯想，當腦袋塞滿無法再聯想時，也可以先擱置在情報的盒子裡不用管它。我認為有必要這樣做。

差不多就好，勝過邏輯

用左腦有邏輯地整理蒐集得來的情報，或是徹底用電腦系統來管理，都是相當累人的事。還不如用右腦來做，也說不定會有大發現。

我覺得人類的本能真的是太棒了。會在適當的場合、情形下，自然而然建立連結，想出需要的情報。

比如看到電影的預告覺得「這看起來滿有趣的！」就在腦中給它一個隨便的索引，毫無意識地做一個記號。這個若是用左腦來管理情報，一定會覺得是沒有用處又占空間的情報，不留也罷。但是，當在另一個時機點，被問到「有聽說最近全美票房第一的電影即將在日本上映嗎？」就會立刻想起之前看到的電影預告。「是喔！那部電影就是全美票房第一的電影，記得好像由某某男明星所主演的」，就連跟問題無關的索引（某位某男明星）都一併想起來。這就是因為右腦本身的管理，並沒有像左腦那麼嚴謹，所以相當適合用於創意的聯想。

再次強調，我認為可以將日常生活和自然而然會做的事，應用於工作上，這也是滿好的事情。

只不過，還需要稍微下點功夫，比如：如果日常生活對那些不是很感興趣的事物，腦中不必放太多抽屜，只需放一個大抽屜就好了。

不過，如果要應用在工作上，可能就必須更嚴謹區分。先大略區分之後，再依照不同應用細分，每一個情報最少需要一個索引。

但是，有一點我不希望造成誤解，就是不要把這件事情當成義務，或是非做不可的事。我還是希望，能夠自由發揮聯想，可以隨時因應各種現象，盡可能提早準備。

我做了許多的資料袋。但是，做這些資料袋並沒有花很多時間，僅是將報紙剪下來或雜誌撕下來，放入貼有標籤的資料袋裡而已。

其中，半成品居多，還有沒有標題的「其他」的資料袋等。全部都混雜在一起，或許沒用的一堆，但其中還是有可用的。也有一些之後就不曾再打開過的資料袋，基本上不大會再去翻來看。不過，還是有可能如前述的情形，在某一天、或某個情況下因為各種原因，而再次翻找也說不定。

「這個標題的資料好像堆積很多了。」

「稍微翻看一下。」

像是這樣隨便的原因，過程中有的情報可能會升級資料夾，有的則不會，但同時都能夠再次強化腦中虛擬抽屜的索引作業。

我還是希望各位不要誤解，做這些資料袋，並不是生成創意的必要作業，我只是介紹自己的方法，如此而已。其實真正的應該要有的，就只有腦中的虛擬抽屜就足夠了。只是怕單靠腦會有些遺漏，所以才想說併用情報整理法。

重複強調一點，就是做記號很重要。在腦中打勾之後再搜尋、意識問題、構思標題。在紙本的報章雜誌寫上筆記，或直接剪下來的行為，也很重要。不但能當成索引的作業，還可以在腦中直接為這個情報做記號。

總之，在寫下來或剪下來的情報，都可以丟掉也無所謂。只不過，通常不會輕易丟書；至於紙本報章雜誌的情報，反正已經剪下來了，先擱著也沒關係。

所以，最終還是以腦中的虛擬抽屜為主。

若是思路塞住了，就用右腦來俯視

有句諺語「見樹不見林」，一旦受限於常識，看事情的角度容易偏頗。如此一來，只看到細微片面，而忽略整體，這是從左腦邏輯角度看事情的缺點。所以，當左腦（邏輯）行不通時，就應該要以右腦為優先。一如「看見森林」一樣，為了能看見森林，有時就需要用圖表化的方式呈現。如果將視覺化的事物，再從另一個角度或客觀的方式去看，會看到與以往不同的景致。就像在「圓的外面做記號」，會有不少新的發現。

以下這件事是我在當管理顧問時，為某家製造商服務時的事。因為有義務保密，細節不能說，各位可以把它想成是業界市場上五大家中排名第三的企業。看【圖表4-3】或許就能知道客戶C公司處於業界中間的位置，目前雖然還算有點小成功的穩健經營，卻不知道未來會如何。營業利益率低，無法計畫成長策略，所以才來請我們協助。

我們組成一個專案小組，做了所有分析。也研議商品差異化的策略、顧客區隔，並且確認不同顧客收益、產品優惠策略、營運體制等等，全方位討論所有可能，可惜都不大順利。

【圖表 4-3】 轉換策略時產生變化的圖表

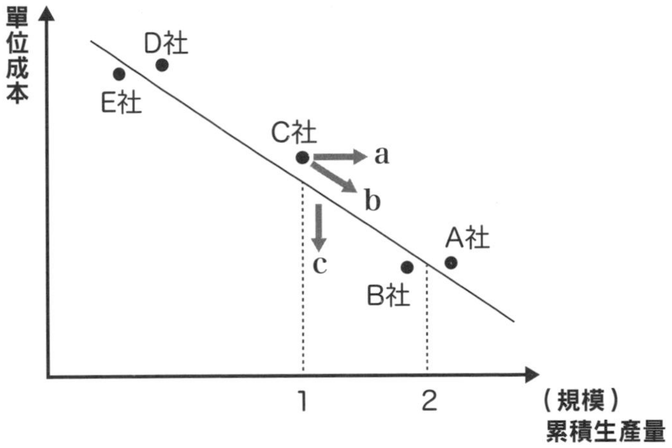

【圖表4－3】有一個小箭頭↓，顯示預測執行某個策略時的商品累積產量變化；只是看起來差異不大，都行不通。

「會不會是方向錯誤呢？」

「會不會是太執著於小細節呢？」

組員們一邊議論著，一邊不斷重複檢視各種相關資料。

大家共同的問題意識就是：「是不是忽略了哪個環節呢？」應該討論的都討論了，能提出的意見也都提了。正當大家一籌莫展、陷入苦思時，視線正好落在放在前面桌上，跟其他資料混在一起的【圖表4－3】，感覺就像遠遠瞄一眼。左腦累了，右腦卻像另外一個人似的依然精神抖擻，看著桌上的資料；忽然，我發現忽略一個很重要的地方，頓時靈光乍現。

請再看一次【圖表 4－3】，橫軸為累積生產量，縱軸為成本；累積生產量增加，就會降低成本。這個業界的特徵就是，規模經濟的效益非常大，如果將累積生產量增加一倍，每單位成本就可以降低三成。

這裡只是打個比方，並不是實際情形：如果客戶 C 公司的生產量為 1，而業界龍頭 A 公司或 B 公司的生產量為 2，成本為 C 公司的七成。意思就是說，C 公司製造商品的單位成本要一萬日圓，而 A、B 公司卻僅需成本七千日圓。

成本的差距這麼大，即使在商品上再怎麼下功夫、再怎麼討論顧客區隔，都無法彌補成本的劣勢。換句話說，C 公司就算小地方再怎麼改善，也根本無法發揮大作用。基本上，不靠大規模生產就不行。所以就向 C 公司提案：「為了在業界存活下去，就必須購併 D 公司或 E 公司，以擴大生產量」。

以現在的角度來看，購併的提案是很平常的事；不過，當時卻是一項大膽的提議。C 公司接受這項提案之後，就積極採取購併策略，現在已經成為業界龍頭。

經營策略發生如此重大的改變，只因為一張圖表，一張許多人看了很多次的圖表。

為什麼當初能夠突然靈光乍現？又為什麼在那之前，一直沒辦法引起靈光乍現？

那張圖表之前不知看過N遍了，之前一直以C公司的角度為主。倘若能夠稍微往右下（b的箭頭）方向進行，究竟會如何呢？然而，在那個時間點上，尚未發覺其實若照這樣下去，不管C公司再怎麼做改變，都不可能贏過A或B公司。當下只認為處於劣勢，如果想要贏，就必須得有豐富的策略藉此取勝。那時候一直都只考慮著如何改善現狀，而且為了增加利潤考慮是否應該降低成本（c的箭頭顯示），或是為了增加營收是否得多開發有附加價值的產品（a的箭頭）。可是這些努力改變，在整個業界大市場環境中如同【圖表4-3】中的箭頭所示，僅能提供些微的效益而已。就在這時，彷彿看到整座森林，不以細微的角度檢視這張圖表，而是從整體來看，就能明顯發現市場的法則。

靈光乍現的天才，可能只需要更短的時間、動一下右腦，就能看到眾人忽略的地方。平凡人可能必須一個個慢慢去想、去試，還不見得能找到答案。即使精疲力盡，還找不出正確方向、也看不見未來。

一旦掌握住市場法則，要贏就不難了。在這個情況之下，想成為贏家最好的策略就是購併。如果不這麼做，僅只「放棄會造成虧損的顧客」、「鎖定特定的客戶族群」或「開發高級商品」這些建議，可能或多或少有一點效益，但是終究無法長久持續。這些道理不僅管理顧問，就連客戶自己都心知肚明，那時彼此心中的答案都是「找不到解決之道」。

事實上，當時也沒有什麼戲劇化的場面，可以想成電影的畫面「當大家都垂頭喪氣、萬念俱灰想放棄時，忽然間微風一吹，一張紙掉落在地上。彎下腰去撿的時候，驚覺上面寫著天啟」，或「當大家都束手無策想放棄時，剛好經過的上司看到那張圖，說了一句話」之類的。就是需要這種不同的見解，保持這樣的心態也很重要。這也呈現一種「隨意、差不多」的樣貌，最後還需要腦中存有過去經驗值的檔案資料庫，才能去判斷一些狀況。

當然，並不是只靠研議和討論就行，是否可以超越常識、客觀看待情報，讓情報慢慢發酵熟成，與腦中的檔案資料庫能很自然發生化學變化。進行過程中，成敗關鍵在於如何避免受到左腦邏輯思考的阻礙。

第五章

提昇創造力的右腦想像

創意的生成，源於右腦與左腦的連鎖反應

第一次去一家餐廳，當料理比原先預期的還要好吃，下次再光顧時，通常會向店家索取名片。然而，拿了店家名片之後，不大有人會像整理工作上與人交換得來的名片一樣，按順序好好整理。

一般拿到店家名片後，都會放進桌子的抽屜裡或隨便的地方擱著，就不會去管它。不過，當手裡拿到店家名片的同時已經在腦中做記號，記住了店家的情報。就算忘記了，之後也有可能因為某種因素，再度想起來。說穿了，拿不拿店家名片都沒差，要想知道電話號碼，上網搜尋一下就知道了。只不過，如果偶爾桌子的抽屜中塞滿店家名片，或許就會想實際翻看一下，知道電話號碼吧。

面對龐大的情報，就是如此這般，慢慢地、不急不徐地努力，那就對了。

既不用大費周章製作檔案，也沒必要熬夜整理店家名片。只要隨興儲存情報，讓它發酵熟成就好。如同釀酒一樣，但是，像酒廠那樣大量生產就不大好，情報可能在發酵熟成之前

就腐壞了，就這樣忘掉，即使蒙塵也好。如果右腦思考，這樣就足夠派上用場了。

工作上，無論是寫企畫書或製作事業計畫書，普遍認為需要的是邏輯思考。也就是說，左腦才是最重要的，右腦根本就沒有使用的必要。但是，我並不這麼認為，我承認邏輯思考真的很重要，用左腦做龐大的檔案資料、簡報或Excel的情報加工，也都是必要的，利用統計軟體分析也很不錯。

不過，僅只靠著這些邏輯思考，並無法有重大發現，也無法生成令人感動的創意。為了讓自己在職場上與眾不同，就需要活用右腦。不然，否定右腦就等於否定身而為人的本能，也會失去個性；並且大概也寫不出有差異化的答案。

如果只會寫標準答案，通常那種標準答案，都不大可能想出成功的新事業，為什麼我這麼肯定呢？因為那種做法不論是誰想出的答案，都大致相同。

●右腦思考、左腦整理

●右腦聯想、左腦確認

●右腦弄得亂七八糟、左腦收拾殘局
●右腦發現、左腦解決

必須要有這些連鎖反應。

我認為，靈光乍現都發生在右腦，所以，我很重視如何能輕鬆活用右腦，來蒐集和整理情報，並且耐心等待情報發酵熟成。

其實，大家在日常生活中都有這麼做，先用右腦思考，而後為了說明給別人聽，才用左腦整理。只不過，在職場上常常有人提醒不可以這麼做；因為沒有證據，會讓人誤以為胡說八道，惹怒別人又討人厭。因此，工作者往往被迫停止右腦思考，只靠左腦思考、分析和輸出、發布，然後受到挫折。怎麼想也想不出好的點子，只有普普通通的答案，也不會有獨特天真的創意。

靈光乍現的過程

這裡再重新整理一下靈光乍現。

問題意識，就是裝有興趣、好奇心或想一探為什麼的資料夾，與某種現象接觸時，將情報篩選，藉此判斷有需要的情報，就在腦中做記號，如此一來，就會提高關心度。如果正好是關注的東西，有可能一下子就可以解決問題了。但大多數的情形，都只停留在加強問題意識的程度而已。「怎麼說呢？」「可能是這麼一回事吧？」大概就停在這樣的程度就結束了，然後直接丟入腦中「其他」的資料夾擱著。

像這樣一堆有問題意識的情報，儲存於腦中的檔案資料庫裡；一旦與什麼新的情報碰撞一起，就能引起化學反應，有時還會滿出來。好比紅酒的發酵熟成一般，不經意靈感乍現。「那時候的那個，原來是這麼一回事！」

請看一下【圖表 5－1】，連結著各種要素的線，意味著可能發生各種例子，最重要的是四大要素，問題意識居中。其他還有假想的檔案資料庫（抽屜）、現象（情報）和靈感（突

【圖表 5-1】 靈感的生成過程

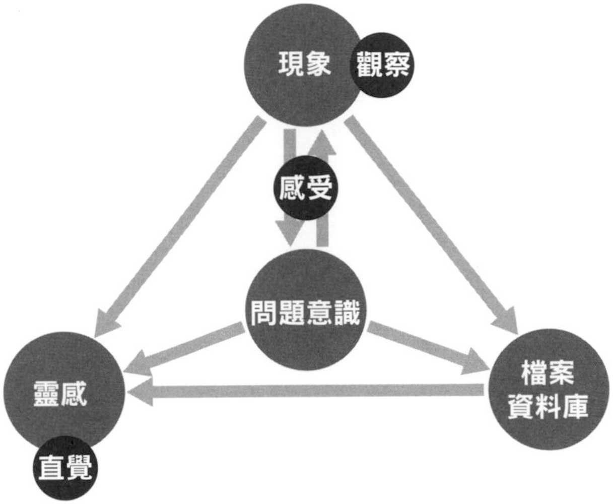

然想到），一直持續重複：

基本上，問題意識篩選某些現象（情報）之後，儲存於檔案資料庫中，這些現象（情報）以問題意識為觸媒，和檔案資料庫中的情報發生化學反應，進而引起一連串的靈感的連鎖反應。

然而，還有另一種情形是原本並沒有抱著任何的問題意識，只不過，剛好發生某種現象（情報），而引發了腦中原本存在的問題意識。相反地，也有非常積極地抱著問題意識，一旦看到現象（情報）就立刻引起靈光乍現、或產生靈感的情形也有。

或者與外界的某些現象（情報）都無關，問題意識等於像是依靠腦中抽屜的標籤一樣，直接在腦中抽屜的資料夾搜尋答案或線索。

偶爾又無關任何問題意識，直接從現象（情報）得到靈感。

「這個很有趣，就用這個好了」，不管如何，只要能好好保持問題意識、透過各種不同的組合，累積下來很可能就會引起許多的靈感。

至少對我而言，就是這種情形。

我把這些稱之為「觀察」、「感受」或「直覺」。事實上，把看見「現象」的情形當成「觀察」，如此一來比較容易被吸引。問題意識的存在與否，稱之為「感受」。有時候會因為感受到什麼，而立即聯想到什麼；就算什麼都沒聯想到，也無所謂。只要先將這些放入檔案資料中，日後再看到其他現象時，透過那個現象產生「靈感」，而這個「靈感」或「靈感產生的過程」就叫做「直覺」。【圖表 5−1】中的「現象」，指的是「觀察」；而「靈感」，則是「直覺」；至於「感受」，是指「現象」和「問題意識」中間，往上往下的箭頭。

總括來看，為了獲得靈感的基本順序分類如下。

①看見現象（觀察）：

看到現象（情報）產生興趣（或疑問）的問題意識（感受；【圖表5-1】中間為往下的箭頭）。

②因為具有問題意識而受到吸引（感受）：

一邊抱著問題意識看到其他的現象時，頓時受到吸引而注意（感受；【圖表5-1】中間往上的箭頭）。

③靈感（直覺）：

將吸引自己注意力的東西，放入自己腦中檔案資料庫的同時，就會搜尋一下檔案資料庫，而獲得靈感（直覺）。

「①看見現象」日常生活中，因為某些現象而覺得有趣、快樂、不可思議，以及誘發對某些事物感興趣的問題意識。

「②因為具有問題意識而受到吸引」有時候在「①看見現象」時產生了問題意識，也有時候是因工作上被給予的課題或研究題目，以及個人興趣嗜好等而抱著問題意識。

比如四、五十歲的早稻田大學校友們，畢業很久之後，造訪了多年未曾踏足的母校，突然有感而發：「比起我讀書的那時候，學生變多了。」

以現象而言，這是事實（實際情形），屬於「觀察」。

針對這個現象，抱著一個問題意識：「為什麼現在會有這麼多的學生呢？」屬於「①看見現象」的「感受」。

有這樣的「感受」，看看周圍發現，「女學生好像變多了」、「而且女學生都變得可愛多了」，這也是事實（實際情形），也屬於「觀察」。

相對於這個事實：「在我讀書的那個年代，都是學生打扮都很樸素。現在完全不同以往，還以為走錯學校了。」「覺得現在的女學生可愛多了，會不會是因為現在年輕人身材變好了？」「或許是因為服裝款式變得比較時尚的關係？」會有這樣的想法，其實是從「學生怎麼變多了？」這樣的問題意識，是從「②因為具有問題意識而受到吸引」延伸而來，屬於「感受」。

「記得幾年前，曾在雜誌上看過一篇文章，寫著明治大學是高中女學生們心目中理想大學第一名。那時我只覺得，明治大學和早稻田大學的校風差不多，怎麼可能？所以，看過雜誌之後就算了，沒多想。同時，還看到一篇文章，寫著大學生全體上課出席率比從前還要高，平均接近超過八成左右。」

「說不定報考人數的增加、上課出席率的上升，都與女學生人數增加有關。這麼一來，那些報考人數少、上課出席率低迷的學校，或許可以參考改進。說不定，會有更多的男同學考進來。」這一點，也可讓一直為找不到或留不住工讀生煩惱的敝公司參考。

盡量與自己腦中假想的檔案資料庫既有情報連結，就可能生成創意，這屬於「③靈感」的直覺。

隨著不同的問題意識，所看到的現象也會改變，產生的創意點子也會不同。問題意識因人而異，不同的人所引起的連鎖反應，也大不相同。

走在街上喜歡美食的人，會邊看邊想「有沒有新開的餐廳呢？」有人會注意到「喔！這裡新開了一家法國料理餐廳」，有人則看到頭包著印度帽的人就直接脫口而出：「啊！我剛才想吃的就是印度料理！」

走在同一條街上，喜歡照相機的人這樣想：「一直想要的一台舊相機，說不定那家中古二手店有賣。」「那位外國觀光客手裡拿的相機，不知道日本國內有沒有在賣？」像這些都是因為有興趣，而產生強烈關心的問題意識。假如沒有這些問題意識，不管是照相機或餐廳都可能只會匆匆一瞥，甚至根本沒看到。

每個人關注的事物都不同，有的是流行時尚、有的人是料理美食或照相機攝影器材，如同透過不同的濾鏡看世界，即使都看到同樣的光景，但「感受」卻都不盡相同。

「①看見現象」和「②因為具有問題意識而受到吸引」的「感受」，會漸漸形成用在「③靈感」的檔案資料庫。這個腦中的假想檔案資料庫，由二十個抽屜所組成。雖不是短期間內有明確的課題或需求，但生活中或工作上，時常保持問題意識、對事物感興趣，以及旺盛的好奇心。篩選過濾在這過程中遭遇到的各種現象（情報），並將需要的、關心度較高的儲存起來。可以想像，就是因為這些假想的檔案資料，和不斷加進來的各種新情報，所引發的各種連鎖反應，才會產生靈感和創意點子。

有些當下受到吸引的事物，或許沒能立即向產生靈感，就先放入腦中抽屜裡擱著。有時明明蒐集許多情報，卻未必能引發新的創意聯想；不過，或許之後會在某些情況下，不經意產生靈感也說不定。

其實，要保持「②因為具有問題意識而受到吸引」的意識來行動的做法，一般人一旦被逼得不得不這麼做的時候，基本上都會這麼做。只不過，一旦變成這種情形時，很可能在潛意識隨便行動。這樣一來，容易流於重視原先的預定的狀況，或是先設想考慮結論如何；也會急急忙忙，縱使感覺有些勉強，也會想辦法要生成創意的情形也不少。在這些情況下，到最後就只能恢復以往一貫作業上網搜尋、統計調查或是既有的問卷調查，應該不大可能產生新點子。

北宋文豪歐陽修曾說：「余平生所作文章，多在三上，乃馬上、枕上、廁上也。蓋惟此尤可以屬思爾。」自述其作文最適合構思的三個場所。

雖然說在馬背上可以構思，但是，如果腦中沒有任何的檔案資料庫，根本無法聯想出什麼創意。日常生活中，蒐集儲存由於自己的「感受」所吸引的事物，所以「在騎在馬背上的時候，能想出好的創意點子」。

因此，工作上也和日常生活一樣，把「①看見現象」當成是一件重要的事。但是，請不要把這當成是被迫做、必須做，而是在自己感興趣的範圍領域裡，擴展視野、增廣見識。進而讓「②因為具有問題意識而受到吸引」和「①看見現象」所造成的結果，將「③靈感」建構在腦中假想的檔案資料庫裡。並且時常琢磨，在不覺得勉強的範圍內，當成輔助的手段。還有，別忘了運用自己喜歡的方式，以腦中虛擬的檔案資料庫為「主」，實體的檔案資料（電腦存檔、紙本等）為「輔」來進行。

如此一來，臨時需要靈感時，就不用慌慌張張的，生成的創意或提出的點子，也會與眾不同。即使不怎麼樣，也是發揮自己想像的結晶。

以成為「向那個人問問看」的人才為目標

像這樣的右腦思考和情報整理・活用術，對於創新的生成而言，可說是非常有效的方法論。在其他方面也很有用處，本書只是聚焦在如何生成創意這一點。

如果能好好運用這個方法，應該就能成為「倘若這樣，不如聽一聽他／她的意見吧！」「如果是他／她，肯定有獨特的見解也說不一定。」那般出色的工作者。

也就是說，成為自己能有獨特的聯想、能充分自由發揮想像創意的人才。不是被期待著理所當然的答案，而是「如果是他／她，會怎麼想呢？」的角度被看待。

以往日本社會或是企業裡，從來沒有對於人才有這樣的需求。伴隨著市場的成熟化，如果無法創新、僅是墨守成規、按著舊有的思想做事，絕對無法勝出並存活在新時代。今後最需要的人才，將會是能抱持與眾不同的見解想法，或能想出嶄新點子的人。

想出創意並且活用於工作上的人，絕對不是怪人，也並非想一堆自以為是的點子。他們只是時常以市場或顧客為導向，將注意到的情報，在腦中做記號、下標籤、做索引，再結合自己擁有的情報檔案資料來思考罷了。

以管理顧問來說，如果不能做到這一點，根本無法提早半步提案。

本書也不是主張完全放空、吝於付出。我只是想強調，那些努力和辛勞，要用對地方、用對階段、用對方法才是。

所以，情報的蒐集還是必須努力的。我的四百個情報，其中約有三百個用不到。但不能說那些辛苦都白費了，畢竟所有的情報，並不是一開始就知道哪一些可以用、哪一些不能用。況且有時候透過不同情報的巧妙組合，很有可能成為可以使用的情報。

有些情報還需要經過時間的發酵熟成，才會變成可用的情報；有的情報就算自己無法使用，卻有可能讓別人靈光乍現。

聊一聊、寫下來、站起來、走一走

在面對真的非常需要有創新的點子，而且設有期限的工作或特定的專案時，該怎麼做呢？只好按部就班，照以往的步驟做。拿了報酬，就必須提出嶄新的計畫、企畫案或事業計畫。這些就與演講時的話題、聊天時為了加深印象的談資、高談闊論未來的性質都不同，無法以「稍微試試看」的心態嘗試，必須直截了當來做。

一旦對方看出我們的能力極限，就會被認為是平凡無趣的人，在管理顧問業更是如此。從企業的角度來看，新事業的推展或新產品的開發都必須花大錢，這也是沒辦法的事。然而，也不是因此就一定必須有什麼特殊的做法或準備。不過，最起碼會將創意做到最能說服人的程度，要呈現簡單明瞭的企畫書，必須要有製作的人員之外，還需要用到數位產品做為輔助工具，還必須準備龐大的資料以及分析資料製成圖表。某種程度來說，是一項大量資料蒐集整理的作戰計畫。必須從過去的實際案例、成功案例的檔案資料中，找出可以使用的情報或概念。

不過，做為中心主軸的創意，並不需要什麼特別的準備或是方法論，只要按照本書所解說的那樣做即可。就能夠生出幾十億、甚至幾百億金額的企畫。

當然還是有基本的獨特技巧所在，就是所謂的「從零開始思考」和「站在反對立場來看」。這些技巧都很重要，也有許多的書籍都有解說這些技巧。

我想，我應該也這樣做的，從事後來看再做說明。人類的腦，並不是那麼具有系統。我認為，只能利用右腦，將之前塞進腦中的情報，自由發揮想像。

所以，我才重新將方法論做整理介紹。

首先，如同前述再三強調，搜尋腦中的抽屜。找出過去的事例來思考類似的狀況。必要時也從平時蒐集的資料袋找。

想不出來時，可以試著先寫下來。

用聊一聊、寫下來、站起來、走一走的方式，來活化自己的腦。然後，「重複變換視野角度」，當思想堵塞時，不管想到什麼或是多麼小的細節，統統寫下來就對了。若是有可以聊一聊的對象，就開口跟他們聊，再從那邊展開。

依不同的狀況，有時候可能真的是很笨的或幼稚的想法，甚至有可能是一種妄想，那也沒有關係，不用太在意。傑出的創意、嶄新的點子，從舊有的思考方式來看，幾乎和妄想沒有什麼差別，只有一線之隔。

有對象可以聊一聊時，一旦說出口就會欲罷不能，變成想要一邊說明、一邊將創意延展開來，這一點很重要。當然有時候也可能無法聊下去，但總是有一個開始。

一個人的時候，寫下來是最好的方法，一邊動手、一邊活化腦。若有白板，就寫在白板上；如果沒有，就寫在白紙上。利用ＫＪ法（注：文化人類學者川喜田二郎採用第一個字做成卡片的情報分類法）的要領（不用實際寫在卡片上，放在心中即可），進行分類和結構化，有時也會使用東尼・博贊（Tony Buzan）所提出的「心智圖」（mind map）。

這些語言、文字，有時候可直接引導找到創意的入口。如同前述，是能讓自己或對方產生靈光乍現的魔法語言。

如果自己遇到瓶頸，不妨找別人一起討論，這是非常重要的關鍵。一開始可以找專案成員或主管、部屬。除了相關人員，也可以找和專案或主題完全不相干的人聊一聊，也可以達到效果。如果是我，會找家人（內人和孩子），或是親朋好友們聊一聊。

「有沒有什麼好點子？」

「有沒有為這種事煩惱呢？」

「覺得這個想法如何？」

工作上可以這麼做，類似調查，甚至完全沒有點子時，可以藉此試水溫。

不必期待有什麼正確答案，就像日本漫才（對口相聲）一樣，必須一人裝傻挨罵、一人吐槽猛攻，藉此擦出火花，產生新反應或新刺激。或是向對方說明的同時，也整理自己的思緒，藉此找出問題點。能做到這樣的，大多是可以信賴的家人或親朋好友。

不過，心情的轉換也相當重要，有多種方式：有時完全放空，將問題全部從腦中掃出去；有時換個地方，重新思考問題。以我來說，大多屬於後者。

總之，不要待在同一個地方，比方找一家咖啡廳、到大街上走走、翻閱毫不相干的書籍、雜誌或之前做過的筆記。

一般人注意力集中的時間無法太久，我大概頂多十五至三十分鐘左右，之後就必須休息一下，或是站起來、走一走、透透氣，藉此轉換心情。

當然，每個人做法都不盡相同。我想強調的是，到了這個階段，不用再輸入新的情報，也不使用任何數位產品。當我思考事情時，絕不上網搜尋。

這些必要的情報，不只是關於那個專案的具體檔案資料或定性資料（不屬於量化資料，例如訪談、田野調查）。也包括日常生活中，儲存在腦中或已經蒐集的情報，之後再利用右腦來自由發揮聯想。

重點在於，重視自己的喜怒哀樂的情緒。好惡，也是個性的一部分，這也是差異化的重要因素。

一般來說，我們在職場上都受到諄諄教誨，絕對不能把自己的個人好惡帶入工作；但是，我認為在這裡並不是面對顧客。因此，做企畫時應該要有喜怒哀樂的情緒才對。

不過，這並非指討厭或憤怒，而是指高興、愉快或興奮的感覺。沒有什麼能夠比想出自己覺得有趣的企畫，還要開心的事；這時候表示企畫正在往很好的方向發展。

靈光乍現無法從全文搜尋中產生

靈光乍現要從哪裡產生？從「自己腦中的索引找出來」。

相信各位讀到這裡，應該了解。所以，我說上網搜尋，根本無法產生靈感。如同隨手翻翻書、看看筆記，也稱不上是真的看，如果只是沉浸上網搜尋的樂趣，那又另當別論。無論如何，網路並非萬能，上網搜尋的結果，也不是所有的訊息來源。

最重要的，還是在找尋能成為自己腦中索引的過程。這個方法才能產生出自我的價值。

我認為網路上的搜尋所得到不同情報的好壞，關鍵僅在於搜尋的方式厲不厲害而已。

憑著一直以來與ＩＴ產業的接觸，我對ＩＴ相關的趨勢動向非常感興趣。不過，我每天看到的情報或受到吸引的字眼，大多數是從報章雜誌、書籍而來，反而很少上網搜尋。

但是，每個人習慣不同，會依照閱覽不同的媒體，所得到的結果也不盡相同。沒必要都配合我的做法，我也不否定ＩＴ的力量，以及網路的重要。

所以，如果你每天都習慣從網路搜尋新聞，或是常常透過網路蒐集情報，那也很不錯；

只需要按照自己的方式來進行就好。

不過，我還是建議，在上網搜尋的同時，也能連結右腦思考，自由發揮做連鎖反應。上網搜尋資料的需求，與創意、靈感是完全另一回事。

就像查字典、上網搜尋、看維基百科那樣，不可能從中生成創意。

自己的創意空間

對我而言，最重要、寶貴的時間，就是搭電車的通勤時間。大概單程四十分鐘，幾乎沒有座位。所以，我都在這時段以閱讀書籍或報紙等方式蒐集情報。不然，就是手拉著車廂吊環放空發呆，時常能想出不錯的創意。我認為，無法逃離的空間，最適合生成創意。比如：家中、辦公室或是研究室，這些地方都適合。

當然，這些都是我的方式。

可以沉澱思考想出創意的地方，哪裡是最好的空間？哪一個時段最好？這些都會因人而異。因此，最重要的是，趕快找出適合自己的思考空間。另外，還有一點很重要的是，能夠擁有自己適合的空間、時間與地點。若只是忙得團團轉，無法有好創意。日常生活也需要有放空的時間，一般上班族也一樣。不只是對於放鬆心情有好處，這個時段也能夠讓腦中浮現好點子，或自然而然整理重點課題。

這個地點可能是書房，也有可能是廁所、浴室、陽台，或是跟我一樣在電車中，或搭巴士時、自己開車時或晨跑時。

以我的恩師為例，他的家裡有很棒的書房，而且他的研究室也是一個很不錯的地方，能讓人靜下心來思考；但是，他卻是在一般餐廳裡寫稿，他說這樣比較能夠集中精神，就是有像他這樣的人。有些作家喜歡去固定的咖啡廳，因為他們覺得那是他們創作、寫作最好的空間，可以讓自己的創造力發揮到極致。

關於二〇〇八年的諾貝爾物理學得獎者小林誠和益川敏英，他們如何發現基本粒子理論的文章，於同年刊登在《朝日新聞》上，文章述說著益川從哪裡得到靈光乍現。

簡單來說，小林和益川二人，受教於坂田昌一，研究「CP對稱破壞」著名，嘗試著想在以前發現的三個夸克上再增加一個，變成四個夸克，可惜一直不是很順利。聽說有一天益川在泡澡的時候，突然想到改用六個夸克。原來他一邊泡澡、一邊思考要放棄四個夸克，同時突然有個靈感，覺得六個夸克搞不好可以成功。「公式也不用再重新計算，在那瞬間突然覺得確信應該可以成功。」走出浴缸後，基本上小林和益川的實驗理論架構幾乎已接近完成了。

我認為，靈光乍現其實就是這麼一回事。我們一般人即使沒有獲得諾貝爾獎，但是，只要經常保持著問題意識，說不定有一天突然也會靈光乍現。最重要的是，必須事先知道哪些環境、地點場所和條件，比較容易讓自己產生靈光乍現。

對你而言，會在「哪裡」呢？如果你還不知道，最重要的就是先把「那個地方」找出來。

身而為人，生活中總是會有小確幸，也有感到幸福的瞬間。那個瞬間或許是早上為植物澆水的時間，或是晚上泡一杯濃郁香醇咖啡喝的時間。對別人而言，也許不是快樂的瞬間，但是因人而異，每個人放鬆的時間都不一樣。我認識的一位檢察官，對他而言，休假在家裡做菜時，聽著菜刀切菜咚咚咚的聲音，是忘記所有一切事情的時刻。對別人而言，或許在房間裡抱著寵物嬉戲的時間，才是放鬆的時間，重要的創意會在這個時候想出來。

工作也是一樣的情形，不見得只有在工作的時候才能想出點子，即使在工作時間中發呆，這和放鬆的時間也一樣很重要。不過，一般人對在辦公室工作的常識，就是發呆的人很容易挨罵，覺得身體或雙手一定動來動去，讓人看起來覺得好像很忙才行。只動腦筋，不會有人知道，所以一定要看起來很忙的樣子才行。但是，這些好像都跟創意無關，因此在工作時間以外的地方，再找到適合自己能發揮創意的空間，這一點很重要。

能夠理解這個重要而找出這樣的空間，應該就可以解決很多的生活、工作遇到的課題。

這個空間因人而異，有時候是虛擬的空間。不少人利用類似臉書或推特的社群軟體發表自己的意見，接受別人的意見，互相討論、交換情報。有人則是直接跟認識的親朋好友私下對話或公開對話，各種形式都有。甚至有人把這樣的聊天談話或應酬場合，當成是很重要的靈光乍現之處。

無論如何，在自己最能夠發揮創意的地方，找到好方法接受好刺激，才是最重要的事情。

可以在電腦前面，或是一邊做筆記、一邊散步。不論是一個人努力思考，或像我一樣找別人聊天討論，什麼方式都可以。

不用拘泥於同一個場所或同一個方法，可以併用，再按照不同階段改變也行。

創意的生成，來自「公私混為一談」

現在，寫臉書的人比寫部落格的人還要多，我以前寫過「內田和成的商業之心」（『内田和成のビジネスマインド』：http://kazuchida.com/blog/businessmind/）部落格文章。分為好幾個範圍領域，以散文式的筆調介紹遇過什麼人、走在大街上的感想、在各種場合中捕捉到的話題等，類似擴大版的「創意的二十個抽屜」。

還有寫到一些本書沒有介紹的話題，如果有興趣的人，不妨參考這個部落格。如果看到有興趣的話題，也可以自行加入自己腦中的抽屜也沒有關係。只是除了我以外，還有一些其他別人的作品，所以有需要實際真正使用的時候，還請註明出處。

不過，我並不是為了寫部落格才寫，主要目的，是為了練習如何應用蒐集得來的話題，以及生成創意、發酵熟成點子才寫；換句話說，就是情報的煉丹爐，也當成自己筆記的延伸，只是將這些情報檔案資料公開呈現罷了。除了公開以外，還能獲得許多討論和評語。也能有些創意點子產生和問題的指正，以結果來說，就像是試水溫一樣。

不只是我，一般人也都會在休假的時候從事生成創意的活動。如同前述，日常生活本來就是一種創意的行為。戀愛也好、做菜也好、育兒也好、養寵物也好，這些都是創意的行為。很多人在公司是一個模樣，下班之後，又是另外一個積極的樣子。

也許是在自己感興趣的世界裡，也許是在地區的活動中或者是志工活動，有的從事寫作或玩樂團等各種活動。

我想要強調的是，原本擁有豐富創意、生活和發想的你，為什麼不能將這些也活用於工作中呢？日常生活中的做法、休假時的常識，為什麼不能直接帶入工作呢？設法讓「公私混為一談」，這是想出與眾不同的新點子方法中，最重要的關鍵。

與工作無關的情報蒐集、整理唐分析，對於創意的生成和工作，也一定能有很大的貢獻。

很遺憾的是，愈在工作上覺得無法發揮創意的人，就會愈在工作以外的地方，找一個自己可以發揮創作的空間。這樣不是很委屈嗎？或許有些人為了討生活，可以做到生活和工作完全切割，但是，那畢竟只是少數人。一般人所有的黃金時間，一半以上的時間都花在工作上。如果工作不快樂，人生也會很寂寞。

如果能將日常生活的做法，應用於工作上，肯定能夠成為比別人出色的人才，也一定沒有比「公私混為一談」來得讓自己更開心的方法。

想要有靈感，就要重視「為什麼？」

愈是訓練靈感，就能夠看到愈多現象。當知道一些事情，也會習慣問一句「為什麼？」

比如最近流行下班後去學校或補習班進修，看到這種現象。不會只說「是喔。」就結束。試著問「為什麼？」這也是一種問題意識。具體來說，我指的是最近流行為了取得資格，而去進修商業課程或去補習班學習英語會話的事。然後，再稍微調查周遭是否也有這樣的人，問一下他們的學習動機。

許多社會人士利用下班後進修學習，是整體趨勢。可以藉此了解，他們除了對文化學術課程有需求之外，也當成自我提昇學經歷的方法。

為什麼會有這個現象呢？可以建立這樣的假說：可能是他們對於企業的前景和日本的未來感到不安。話說這種商學院課程，歐美與日本有很大的不同點。

在歐美，這種商學院課程一般都是白天上課；在日本，卻是白天工作，下班後利用晚上上課的人比較多。

進一步思考，為什麼會這樣呢？可以提出以下的假說。如果可以很清楚了解，既是學生也是社會人士的需求，就能明白他們的出發點是：一方面不希望沒有收入，另一方面又不希望因為上班而中斷學習，所以變成一邊維持現在的工作，一邊為了增加學歷或考慮日後轉職，因此利用下班後的時間進修。

如果以企業的角度來看，通常公司培養新人需花費許多時間和成本，所以一定會有這種針對特殊才能的人才需求，畢竟公司能資助留學的人數實在有限。

身為教育機構的大學，因為少子化的關係，極有可能面臨經營陷入困難的危機。感受到這種威脅的同時，也洞悉到社會人士為提升自我而有進修的需求，所以，可能必須面臨與資格考試補習班或英語會話補習班一起競爭搶學生的狀況。

結合這三方的需求，變成三贏（win-win-win）的關係，所以也造就了國內的商學院課程的流行。

可以像這樣子建立假說。當然，如果完全沒有這方面知識、對於這個領域不感興趣，勉強自己做這樣的腦力激盪，其實是滿困難的。

所以，有強烈好奇心，對什麼都感興趣的人，事實上做任何事都能領先別人一步。最重要的是：

雖然重視問題意識，
但是差不多就好，
不勉強自己。
情報擱著，自然就會發酵熟成。

結語
從生活者的角度觀察和感受，讓人更有創意

你是工具人？還是工作人？

不知何時開始，有人說：「日本的白領階級的生產力很低」。從世界的角度來看，雖然不知道目前日本上班族的生產力程度如何？但肯定絕對不是很好。

本書中，也提到很多企業，只是一味希望員工做好工作就好，讓員工受到侷限，處在一直很忙的狀態，這樣一來，當然不可能提高生產力。

ＩＴ產品、電腦與電話，都是讓人看起來「工作好像很忙」的工具。如果有機會從遠

處向辦公室望去，就算是沒什麼意義的作業或對話，其實遠遠地根本也看不出來，更談不上有什麼創意的作業。不過，還是得接受左腦的命令指示，努力做每一件事情。多數時候，根本不知道做這些事的結果，對於業績有多少貢獻。

這麼一來，書中一直強調使用右腦自由發揮的情形，就變得不常發生；而情報的蒐集和整理，也就變得更不可靠。

自從《假說思考》出版以來，接受許多採訪，談的都是如何提高效率的工作法，還有很多邀稿。但是，我嗅到這個題目的陷阱，那就是雖然寫著「成為高效率工作者的方法」，實際上這些方法指的並不是工作，而是「成為高效率『作業人』（按：俗稱工具人）的方法」。

重點是，從熱門話題中，能夠活用情報、會做事的意思有些不同。具體來說，這些題目好像誤導我們，如何成為一個「作業人」為目標。

工作和作業的意義根本不同，工作是為了達成目的，作業是完成工作的必要手段。

具體來說，工作上會有分析、會議、出差、商討、議論、電話、電郵等作業。其中有接電話的總機、還有主持會議的事務單位。雖有特殊的例外情形，通常這些作業都是完成工作的方法之一，並不是工作本身。

不過，最近許多人將這些作業技巧聚焦放大，寫成多本書，主題都是關於「ＸＸ達人」（ＸＸ是指完成作業的技能）。像是「活用情報達人」、「會議達人」或「電郵達人」。

很會用 Excel 或上谷歌搜尋，跟不會用這些技能相較，當然是會用比較好。

不過，最好能將眼光放遠，不要自我設限。比方你的主管想要提拔一位部屬晉升，有二位候選人：一位很會這些作業技巧，卻提不出新方案；另一位則是對於這些作業技巧一竅不通，卻能提出新方案，請問哪一位可以獲得主管的提拔呢？

當然，我希望讀者們是會「工作」的人。

以生活者的身分工作，以工作者的身分生活

在日本，以 salaryman 或 businessman 稱呼上班族，近年來改稱為 businessperson。原因之一是性別平等意識抬頭，另一個原因則是人們重視找工作而不是找公司，以及所謂工作並不是把時間借給公司，而是藉由工作完成自我實現。

如此一來，就可以超越受到時間限制的概念，一天有二十四小時可以蒐集情報、想出點子，這樣想不是更好嗎？以生活方式工作，以工作方式生活，工作和生活自然而然合而為一。

就用本書所介紹的「差不多就好」的情報蒐集，以及「擱著自然就會發酵熟成」的方式，來過生活就好。畢竟也沒有辦法、也沒必要做到連下班後的休息時間，也裝成努力工作的樣子。但是，藉由喜好的價值觀、問題意識所篩選出的情報、課題，如果將來能與工作上嶄新的創意結合，就應該要積極動手去做。沒有任何方法，能夠贏過工作者的問題意識，以及從日常生活中具有感性的人所蒐集得來的情報。這樣一來，最後的成果一定比捨棄下班後的生

活，然後裝成工作上很努力挖掘情報要來得多。

改變公司的常識，依據不同的狀況改變既有的常識。如此一來，嶄新的創意、企畫，才能在日常生活中生成。因為覺得有趣的、感興趣的事情，都已經在腦中「做記號」儲存著；僅僅這樣做，就有可能產生創新。

如此想來，是否會覺得很興奮呢？

從不起眼的一萬日圓，想想看重大的話題

只是增加身為一個生活者的視野，就能夠造成那麼大的話題；或許有些人不認為如此。最後我再介紹一個話題，這個是「宅急便和一萬日圓現金」的故事。這是二〇〇八年的夏天，我放在腦中虛擬抽屜「電子錢包」裡的話題。

我把這個話題當成談資，用來討論資安議題，探討所謂資安，究竟哪些領域範圍是政府機關或民間業者必須要做的。不僅是電子錢包，個資的管理不只是公司企業或自己的責任而已，究竟哪裡是國家公權力應該要介入管理？

有關電子錢包和其他新的社會系統，為了防止犯罪是否有過度不當的資安防範？除了造成成本增加之外，也不方便使用，也因此造成無法普及的現象。

生物辨識的銀行金融卡，就是一個很好的例子，事實上，這種金融卡確實很安全，正因為太安全，反而不方便使用。比如技術上因為無法互通，所以這家銀行生物辨識的金融卡，無法用在其他銀行；就連便利超商的ＡＴＭ，也幾乎不能使用，由於實在很不方便，造成

無法普及的結果。

以最近的例子來說，因為訴求簡單易用，造成資安漏洞，遭到有心人士利用來做壞事。比如 7＆I 控股公司發行的 7 pay，是日本領先世界，讓社會認識數位貨幣（虛擬貨幣）的電子支付，卻遭到有心人士非法提領，造成用戶損失。也就是說，上至國家行政單位、下至公司企業，對於資安的責任承擔範圍到哪裡？從哪裡開始，屬於是自己的責任？這是很難取捨的問題。

為了解決這個問題，國家機構和私人企業，愈想採取萬全之策，就會讓實用化的時間拖愈久，結果反而造成使用不便。因此，伴隨方便和導入最新技術，就有風險產生。所以，只能做到讓消費者和個人的責任意識更加普及。

也就是說，在討論資安的議題上，我認為低估消費者的問題意識。許多的消費者其實是能好好判斷自己面臨的風險，我經常舉一個「宅急便和一萬日圓」的例子說明。

比方有一位母親利用宅急便，從鄉下寄衣服和食物給住在都市的小孩；同時，她在其中偷塞一萬日圓現金。難道說，這位母親不知道宅急便不能夾帶現金嗎？她是知道的，也就是所謂的明知故犯。萬一包裹不見了，雖然可以請求包裹的損害賠償，但也知道，不可能請求現金的損失賠償。

究竟為什麼，她還是利用宅急便夾寄現金給小孩呢？

主要是母親衡量方便和風險二者之後，最後以方便為主（這時候，母親對於違反宅急便規定，就睜一隻眼、閉一隻眼）。畢竟宅急便是很正當的物流手法，很少會有遺失的情形，而母親知道這一點；所以，即使一萬日圓真的不見，那就算了。因此，並不會特別跑到銀行去匯款，除了不用被另收五百至六百日圓的手續費之外，也免去填單的麻煩。當然，如果需要寄一筆很大的金額，那又另當別論。我倒是沒有聽說，每個月用宅急便寄生活費給在都市生活的兒子或女兒。這一萬日圓，只是母親偷塞在包裹中的愛心罷了。理所當然，想避免一些不必要的麻煩。對母親而言，在自己的腦中，其實已經衡量過問題可能發生的頻率，在自己能夠容許的範圍，做過風險評估。

關於議論資安問題時，不應該只是一味要求系統面或法律面做到百分之百，應該也要將消費者和用戶的自我責任，都一併納入研擬的架構中。這樣一來，能夠做出低成本，並以用戶觀點來做的系統，也才容易普及，這是我的主張。

最後，我想要強調的是，當你自己收到從母親寄來的宅急便，發現其中夾藏一萬日圓鈔票時，該有什麼問題意識。當然，除了感謝母親的愛心，也希望你能把它當成是第一次知道的事情。請你從安全的角度想想看，有沒有什麼更好的方法，讓母親的愛心，可以更容易且平安地傳到你手中。

圖表索引

國家圖書館出版品預行編目 (CIP) 資料

創意的 20 個抽屜 : 發現問題、解決問題的發想法 / 內田和成著 ; 周紫苑譯 . -- 二版 . -- 臺北市 : 經濟新潮社出版 : 英屬蓋曼群島商家庭傳媒股份有限公司城邦分公司發行 , 2024.01
224 面 ; 14.8×21 公分 . -- (經營管理 ; 164)

譯自 : 右脳思考を鍛える :「観 . 感 . 勘」を実践 ! 究極のアイデアのつくり方

ISBN 978-626-7195-54-3 (平裝)

1.CST: 創造性思考 2.CST: 職場成功法

176.4　　112019757